社會小設計

從點到面的設計串聯
小改變翻轉地方大未來

SOCIAL DESIGN

謝淳鈺
著

「從社區到社會」的小村實踐之書。

目錄

推薦序

水滴雖微，必能穿石 — 陳其澎 004

一本空間教育者熱情與使命的關鍵紀錄 — 張基義 006

寫給未來世代 — 黃湘娟 008

無所不在的設計 — 劉育東 010

在台灣的角落看見希望 — 以設計創造教育和社會的改變 — 龔書章 012

自序 — 謝淳鈺 015

Chapter 1 導論：社會性的設計 019

你該知道的社會設計 020

你該知道的社會設計思考脈絡 024

你該知道的社會設計意義 034

Chapter 2 小小的地方

點的起始：以一個完整的社區改造經驗開始談起 036

Project01. 洄甘新城：集結農產與工藝文創的力量 038

Project02. 悠哉永寧：串聯地方特色與生活的微旅行 078

Chapter 3 小小的人物

老地方新靈魂：取之於大地、用之於大地的老技藝 104

被遺忘的木工技藝—沈培澤的木雕 106

雙手編出竹簡天地—張憲平竹編家具 126

Chapter 4 小小的社會

一起往更遠前進吧！將設計與社區連結的實例 142

1－康樂里的嘟嘟車 144

2－東門城護城河聖誕裝置 148

3－隘口里：環保回收角 152

4－為東勢莊與芭里社區里民打造清淨家園 157

5－八德宵里社區石母娘娘廟周邊改造 162

appendix 社會設計模式應用於在地文創商品：以新竹縣新城社區為例 168

推薦序

中原大學室內設計系特聘教授兼設計學院院長 **陳其澎**

水滴雖微，必能穿石

日本 2018 年 Good Design Award 年度大獎頒予日本僧人松島靖朗，乃為獎勵其利用「寺廟零食俱樂部」，協同全日本 975 間寺廟、392 個團體，合作捐贈食物給有需要的家庭，每月受惠人口高達 9,000 人以上。日本設計大獎頒予一位不曾從事設計的僧人，誠屬史上首創。此創舉正符合日本社區設計大師山崎亮推動的「不設計物品的設計運動」，此一社會設計儼然已成為設計領導界公認之前瞻設計。但是設計界一直強調的設計技藝與天賦曾驚嚇跑了多少想從事設計的人才，如今看起來狀況是「人人可設計．設計爲人人」的局面。

今年適逢德國設計先驅學校包浩斯（Bauhaus）創校 100 周年。若將當時設計人才培育定義為設計 1.0，僅要求具備藝術設計的專業。嗣後，隨著設計機能的需求，再加上人因工程的發展，進入設計 2.0。隨著時間的推移，加上商業考量與科技輔助的介入，而進入設計3.0。最後，因為人性善念與環境倫理的考量，以及社會意識的融入，躍升至設計4.0。前瞻未來設計專業應該是全方位的，而是面對社會，解決社會問題的全方位設計人才。如日本的建築師自311東日本大地震以來，開始重視以社會研究為基礎的建築設計。謝淳鈺老師這本書無疑義的是朝著這個方向邁進，因為他的書揭櫫是從社區到社會的社會小設計。但是由小而大，水滴雖微，漸盈大器，細水常流，則能穿石。當在台灣各處紮根的社會小設計逐漸開花結果，能夠涓涓始流，終必欣欣向榮，這即是閱讀本書最重要的旨趣所在。

推薦序

一本空間教育者熱情與使命的關鍵紀錄

財團法人台灣創意設計中心董事長 **張基義**

「社會小設計」從生活中完成偉大的小事。

設計一定是生活的一部分，不只處理最基本美不美的問題，設計更進一步要能提出方法，解決問題。設計不見得是超大的事，卻是完成許多偉大的小事。

作為書寫淳鈺已經經營了將近20個年頭，從她一開始擔任室內雜誌的編輯開始，一直以來都持續以專欄作家的身份為設計、為建築發聲，而我對她的認識也是從文字開始。後來，她轉往教職，陸續於交通大學建築研究所、英國AA建築學院修習學位，有幸為其師長與同事一路觀察她的成長、蛻變，從專業書寫者成為專業教育者，不論作為學者的理論研究能量，或者作為空間評論者的設計感知能力，我都抱持極為肯定的評價。

本書探討了當前很夯的議題：社會設計。文中所提以同理心進行社會創新，為90%的人設計，為公眾、社會利益做設計，實為這幾年政府大力推動與殷切期盼之方向，與我近年來積極推動活化全民美學素養，使創意設計成為產業轉型推手的思維不謀而合。書中羅列之大小案例，從社區營造、工藝家具到小型裝置藝術，範圍廣泛且根植於常民生活之中，這種利用設計力與設計思維進行社會改革，促進地方再生，進而提升國民解決問題與應變變化的能力，是作為空間教育者與民眾之間最需打破的藩籬，也是閱讀本書價值之處。

淳鈺的文字一如其為人，邏輯清楚、謙遜且舒服，從細微的地方鄰里出發，透過教學的力量帶領學生進入真實社會，以設計的手段與里民共構美好生活，現在，將這些美好訴諸於文字，傳達給更廣大的讀者，藉由本書讓更多人看到台灣在地文化的感動與珍貴。

推薦序

《室內》雜誌前總編輯 **黃湘娟**

寫給未來世代

淳鈺在自序中謙稱她是「半路出家的好奇者」，我倒是覺得她更貼切而時髦的稱呼應該是「斜槓人」。

她的築基工程始於室內設計，爾後在空間平面媒體磨練文字書寫，接著跨入建築專業，奠定其厚實的跨域基礎，轉身則以工業產品設計作為執教軌道，而後又回到原來涵養她的室內設計教育範疇。這些轉折，她認為是好奇心的驅使。不論如何，她展現了年輕人對未來願景、大時代進程的一種洞察，而每一個交叉路口的轉身，都成為她下一個目的地的沃土，能說完全出於好奇嗎？

因而，在建構論述和執行計劃的當下，她顯然比較不會有太多偏執偏聽又偏取的我見，而能自然而然地尊重不同觀點、不同立場，以及不同領域的異與同，而使得每個計畫呈現出來的是更寬廣的包容力。

在《社會小設計》書中，一個一個鮮活的小故事躍然紙上，讓我們窺見淳鈺的傳道方式不僅止於廟堂之內，她親身帶領同學們走入社區、走入農村、走入人群，一步一腳印地把她們的專業，落實於生活與地方，她稱之「社會設計」。誠如她書中所提及的洄甘新城、楊梅永寧社區、東門城護城河、老地方被遺忘的木工技藝、竹編家具等，透過她和學生們的參與改造，既復活了原來老舊又沒有生命力的環境，也使得居民、職人，與地方產業皆獲得再生的機緣。

八年來，她與同學們在各城鎮間所走過的路，完成過的計劃，都將成為歷史的一部分。如果今天年輕的她，不著手整理並彙編成冊；明天，它們終將隨記憶的褪色幻化而去；後學者或未來世代，終將無從了知今天他們享有的成果，曾經是前輩們從零開始，一點一點建構起來的斑斑史實。無論如何，我們的社會確實需要更多不為自己求安樂，但願經驗得傳承的先行者。

推薦序

亞洲大學講座教授／前副校長、交通大學建築研究所創所教授　劉育東

無所不在的設計

建築史第一次以「社會性」為焦點的時刻，是1567年大家都熟知位於義大利Vicenza的圓廳別墅（Villa Rotonda），文藝復興大建築師Andrea Palladio最知名的作品之一。它讓建築擺脫了二千多年神權與王權的禁錮，讓建築師開始對社會各階層居民做設計。進一步由「社會」再走入「社區」，在台灣大概是大家多已遺忘的社區總體營造，1995年起的那幾年很夯，尤其是鄉間的傳統社區，開始有建築師和設計師為他們「做設計」，對「鄉下」而言是絕對的新奇與無比的活力。可惜隨著政府首長換人、政策更動後，社區的設計力逐漸退去。

然而這樣由社會到社區的實踐，雖沒有了全面性的動力，但如此的細緻火苗，仍存在於一些理想性高的年輕世代心中，謝淳鈺是其中的一位。她在新竹與中壢任教的同時，

仍捲起袖子、帶著學生、深入山林、走入農村，讓建築、室內設計、產品設計的理念，直接與人民對話。這樣的互動是三贏的，社區居民感觸良多、設計學生面對使用者、設計教授深思社會結構。本書就記載著這些故事的前前後後。

淳鈺是我在交大非常優秀的學生，碩博士論文都是我指導的，她也是我幾項研究計畫的負責人，淳鈺在研究所時期的種種表現與組織能力，都醞釀著本書中所需的活力、耐力、理想性、精緻度、美學觀。為她的第一本著作寫序，就像為她的婚禮致詞一樣，是超令人開心的。

推薦序

在台灣的角落看見希望——以設計創造教育和社會的改變

國立交通大學建築研究所教授 **龔書章**

城市的快速發展，世界各地許多偏鄉區域都同樣地面臨到人口老化、居民外移與少子化的現象，台灣的很多偏鄉也正面臨一樣的問題，呈現著許多社會、經濟與教育資源的嚴重不足。而我認識的謝淳鈺，從歷經過空間編輯記者、工設系主任、建築空間學者等階段後，如今企圖更進一步積極地透過「設計」來創造一個新的教育場域與模式，進而能引發社區的自信與互動，的確令人振奮不已。

我們總是會問：「設計真的能創造教育，進而改善我們的社區嗎？」謝淳鈺這幾年帶著他的學生共同完成的「農村洄游」行動計畫─絕不是單純地完成一件設計作品，而是藉由教育的社會實踐，在公共資源貧瘠、嚴重的人口外移、而教育系統也非常薄弱的偏鄉角落，進行了一個實驗性的設計教育。她引領她所教的大學生、社區村民、在地產業等共同面對這個挑戰，試圖透過「社會小設計」來改變整個環境，讓當地人感受到設計所帶來的改變，共同打造一座屬於自己在地的場域和產業。

淳鈺持續完成的這一系列設計改變社區的教育計畫，多次親身地陪伴著學生，與當地社區住民互動了解，再透過文字與影像，深刻地記錄這環境中的人、事、物，有系統與計畫性地讓「在地場所」和「傳統技藝」有了再現的面貌。他們不僅利用了新的技術，將既有的傳統材料及加工方式進行調整及強化，為流傳已久的自然材質找到更多的可能性，構築了一個屬於在地而且落實於生活的全新可能；另一方面，她也讓年輕人成為社區的最大資產，讓當地的獨特工藝和匠師們，有了強烈感受到改變的力量，進而創造一個不一樣的未來。

這不是一本如何作設計或欣賞設計的書，而是一本以「設計」為主軸的社會實踐學程─她的這個教育行動計畫，一方面非常深刻地讓「設計」能面對教育與社會的不同向度而有所融合；另一方面她也彰顯了設計必須付諸「行動」─既「構」又「築」─積極地從在地開始，放大了當代全球所面對的挑戰和人性價值。她讓設計不再只是課堂上的天馬行空，而是明確的設計動機和合作對象、持續地從無到有的記錄與調查、以及對於社會性與公共性價值的建立，最重要的是將設計落實於生活中，讓社會群眾感受到設計所帶來的改變。

這本書紀錄了淳鈺持續地讓設計改變與影響教育，進而找到社會中在地人們的笑容。她不僅將設計融入教學環境中、讓設計系統化、讓學生走出校園，幫助社區發展成為社區和居民的催化劑；同時她也透過設計教育的訓練，培養學生多元的思考能力，以創意創造了更多的社會福祉。這個持續性的實踐和紀律，讓我們真的可以看到當人擁有好的設計思考，以設計面對現實時，「設計」其實可以解決問題，並透過設計教育而創造出一系列共融、共造的社區場域。

因此，非常謝謝淳鈺的這本書，在她娓娓道來的文字中，讓我們清晰地看到可以如何從影響學校教育，進而一步步地走入社會設計的領域，影響著在地的社會關係和產業，也讓社會群眾的視野因而有了不同。從這之中，設計與教育相互連結，並真真實實的去構築，它不僅改變了鄉村社區，學生的學習價值也將隨之改變。在她所實踐的這些小小的角落中，設計不僅創造了教育，同時也將讓台灣各個角落，都有了自己獨特的故事和不同的未來想像。

半路出家

我就是一個半路出家的好奇者。

仔細思考我至今在專業上的生命歷程，從大學室內設計系畢業、後來念了建築研究所碩士與博士、畢業後因緣際會接掌了工業產品設計系的系主任，繞了一圈後回到室內設計系的學術領域，一直一直都在摸索跟學習。對於接觸我原本不熟悉的領域，一開始始於好奇心，逐漸變成喜歡，最後成為下一次到新環境的養分，同樣是設計，但卻切換於不同尺度的教學經驗，結識了跨領域的同儕朋友，成為我建構設計論述時，總是尊重每種不同觀點、不同立場、不同歷史養成的包容力，並期待將不同設計領域的異同性，在這個跨領域大勢而來的時代，彼此相容，在面對不同意見的設計表達時更為謙和。

這本書記錄了我從事大學教職至今將近八個年頭，帶領學生於課堂之外，實際執行計畫的某種樣貌，集結的案子大多以社區營造、農村再生、地方工藝等社會設計相關議題為主。有產品設計的學生也有室內設計的學生，學生特質不同、關心與執行的能力也各有所長，但卻不約而同產生一種對於社會性的關注。猶記得兩年前受命教授設計倫理課程時，苦惱於倫理課對於年輕學生過於生硬八股難以吸收的既有成見，故於課程一開始期望能建構設計師對於社會責任的道德感，要求課堂上每個學生一如醫生、律師誓詞般，寫下設計師誓詞，全班一百篇誓詞，有長有短，其中不乏幽默荒誕之言，但卻首次以設計師的角度，讓年輕學子思考設計除了為菁英服務之外，更需為廣大常民服務。

很感謝城邦文化「漂亮家居」編輯部張麗寶總編輯、許嘉芬主編可以給我這個機會，在案子執行完成之後，回憶片段、重新爬梳思緒，使之整理成文字，以系統化的方式對讀者描述這些年的過往經驗，對我來說是相當有意義的。大概所有在學界耕耘的師長們都知道，平日的教學與研究工作相當繁重，案子執行完畢緊接又有新的開始，如追著時間跑的頁碼，因此，那些必須振筆疾書的夜晚，在翻找硬碟裡舊有存封圖片時，紛沓而至如吉光片羽的回憶，於我，就好像終於為那一段時光下了註解，歸檔完成。

在撰寫本書之始，我傾向在文體與口吻上，盡量親近民眾，易於閱讀，也是我離開雜誌社多年，已習慣學術文章撰寫之際，回到大眾讀物書寫的一項考核。當年，離開媒體圈進入學界修習學位，是有感於無法再給讀者新東西的掏空感，多年過去，重新面對大眾讀者，多了份近鄉情卻的恐懼，一來擔憂不夠深入無法傳遞充足的知識量；又怕流於掉書袋的專有名詞堆砌，造成閱讀困擾。幾經修正，希望能以說故事的方式描述案例，配以導言、註解以及附錄論文集增加閱讀專業性，如因能力不及有不足與疏漏之處，還企盼讀者能不吝賜教。

本書的完成要感謝這幾年參與計畫案的團隊成員，沒有他們的熬夜打拚、熱心參與，計畫無法順利執行，感謝 ECG 設計團隊與 CDRL 研究室一直以來的相挺，三不五時被我打擾要求資料整理與設計彙整，感謝社區上協助計畫案推動的大小朋友、政府官員，你們是真實的在地力量，感謝我教學生涯上諸多師長、前輩，各位的提攜、指導，是我至今競競業業的最大助力。

最後僅將此書獻給 我的先生、摯愛的家人以及在學術與專業領域上幫助我的許多貴人。

寫於二〇一九年九月十三日 中秋

Chapter 1

社會性的設計

「社會設計」一詞涵蓋範圍廣，從消費者導向設計、綠色設計到責任設計與倫理設計皆屬其範疇，而重建環境、扶助弱勢的思維，則呼應了設計即是解決問題，包括生活及社會的核心思想。

你該知道的社會設計

社會設計是個新名詞？

當社會不夠完美

每每我跟非相關領域的人談及此名詞，都需費很大的力氣解釋，我一方面感嘆在網路極為流通的年代，同溫層竟如此之厚，一方面也深覺此名詞需以更親切的方式面對群眾。其所指並非如建築設計＝設計建築、產品設計＝設計產品、室內設計＝設計室內，這樣容易理解，當然，社會設計≠設計社會，更精確的解釋為「為社會而設計」，這個掛在社會之前「For」這個字，其實就是「社會設計」（Socail Design）的精髓。

事實上「社會設計」一詞在1993年英國學者Nigel Whitely出版「Design for Society」一書時，即充分闡述，當時提到了幾個觀點：1.消費者導向設計 2.綠色設計 3.責任設計與倫理設計 4.女權主義。談論方向首要從產品設計的主流意識「消費者導向設計」開始反思，進而提出反對過度消費、主張環境議題的「綠色設計」；接著帶出關懷社會弱勢、強調設計師應肩負社會責任的「倫理設計」；最後觸碰的是最為尖銳的性別議題，這些議題同觀在室內設計、建築設計領域雖較少以「社會」一詞概括性地論述，但實質上其所內涵的每個議題皆有多篇研究、書籍不斷進行討論。

2015年丸尾洪志以社會設計為主題策劃「社計思維 SOCIAL DESIGN」展覽，期間所展示議題中：社會弱勢族群問題解決與支援—即涵蓋了重建社區、扶助弱勢的這項思維；而永續設計環境議題亦囊括本書大部分的設計核心，例如活用身邊素材創作、廢棄物再生以及在地素材創新。本書案例雖從地方（社區）為出發點，但實際涵蓋範圍卻直指社會設計範疇，呼應丸尾洪志所說「設計，並不是單純美化商品外觀、賦予魅力，而是解決生活及社會中的各種問題。」

為何是小設計

對於設計我一直喜小不喜大，或許是受柯比意「小屋子」[1]一書的影響，該書以深刻的個案描述設計過程的每個細小環節，顯示柯比意對雙親的深刻情感與其對住宅的理想

1 小屋子，原書名 Une Petite Maison，亦翻譯為「母親的家」。該棟小屋建於1924年，為現代建築巨擘柯比意（Le Corbusier）為他的雙親晚年生活所蓋的一棟小型住宅。

樣貌。我也特別熱愛 Phyllis Richardson 所著之“Big Ideas, Small Buildings”系列叢書，位於不同地點的精巧小屋，不大的坪數展現了設計者對環境、材料以及構造的用心。

從1914年一次世界大戰開始，建築領域肩負著大建築主義所乘載的使命感，在工業化的改革背景下，強調大量生產、模矩化、理想城市的設計宣言紛沓崛起，設計師企圖成為刻畫人類生活全貌的主導者，直至60年代如 Peter Eisenman 等主張弱化建築師角色，回到建築體本身的自明性，設計師才開始慢慢縮小自我，回到社會群體的角色。當然現代主義並非只關注大型建築，這裡所談之小設計也非單指面積大小，而是出發點的差異，強調設計的價值不在於一次性；幅員遼闊的大開大合，而是尊重地方、個體微小之處的差異，逐步累積而成。

本書的案子，恰巧就實體面積來說都不大、成本也不「大」，但是所花費的人力卻不小，因此設計雖小，卻因為當地居民的參與而有了大感動，埋下了繼續前進的種子。就此觀點，設計可以不夠美觀、不夠高貴，卻不能背離人性，小小的設計擁有大大的溫暖。

從點到面的社會設計架構，延伸寬廣社區網絡

本書共分三個部分，第一部份「點的起始：以一個完整的社區改造經驗開始談起」，分享了兩個大型的農村洄游案，團隊人員眾、駐村時間密集、團隊與社區互動的強度高，

且因為社區本身相對來說已建構改變需長期耕耘的共識，往往儘管駐村結束，還持續與成員產生連結，是很好向下紮根的社會設計模式，就如山崎亮[2]所說，建構「連結」是當前「寂寥的社會」最需要的部分。

第二部分「老地方新靈魂：取之於大地、用之於大地的老技藝」著重於在地技藝的傳承，強調以新設計創意復甦逐漸失去注意的產業，兩個案例共執行八件作品：五件木雕、三件竹編，以實作方式來理解台灣在地工藝產業的歷史脈絡與技術瓶頸。台灣工藝不輸日本，然而在文化傳承上卻落後許多，日本產品設計師喜多俊之提到「匠師用身體記憶所學會的技術，巧妙地讓觸感、觀感、質感等語言無法言傳的感覺靈活展現」[3]就是所謂的一物入魂！文中案例皆為初學者，鼓勵年輕學子只要有心，即使完全沒有基礎也可以打開古老技藝的神秘大門。

第三部分「一起往更遠前進吧！將設計與社區連結的實例」產學合作一直是學界與

2 山崎亮（2018），社區設計的時代：用「不造物的設計」概念打造二十一世紀理想社會，全面探究社區設計的工作奧義、設計總體方針，以及如何與社群團體培養合作默契。臉譜出版

3 喜多俊之，給設計以靈魂：當現代設計遇見傳統工藝／岐阜縣美濃的和紙、石川縣輪島的漆器、福井縣鯖江的眼鏡與時鐘、新潟縣燕市的餐刀具組、神奈川縣小田原的拼木工藝、佐賀縣有田的瓷器

業界最主要的連結方式，此部分藉由產學合作案所羅織的一個個小案子，雖然經費不高且不容易被關注，但是藉由局部點亮各小社區，企圖延伸出更寬廣如面狀的社會設計網絡，逐步發酵。

你該知道的社會設計思考脈絡

角色的不同

進入社區進行改造、創生以及扶植在地文化，以本書為例；就學校單位來說，共有三種角色：

1. 競賽團隊／以學生為申請核心

要進行改變必須引進兩樣東西，其一為人力，這部分可以學校帶領學生參與解決，其二為資金，這部分競賽獎金就是很重要的推力。目前有許多政府單位皆以不同形式競賽鼓勵學校單位進駐在地深耕，像是行政院農業委員會水土保持局推動的「大專生農村洄游競賽」、國立臺灣工藝研究發展中心「工藝新趣計畫」、教育部青年發展署辦理的「青年社區參與行動計畫」。

這類實作競賽與一般設計競賽不同，並非在校紙上作業完成後，投件評比給予名次、發放獎金即結束；而是進行提案徵選，有一完整實際施作的過程，入選團隊會擁有獎金，也可以說是基金，使之將提案具體落實，過程中承辦單位舉辦講習、進行輔導、各階段查核，以確實完成提案之預期成果。

相對來說，舉辦這類競賽承辦窗口所耗人力、時間會比一般競賽辛苦，但是參與之學生團隊所獲得的成長，卻比一般競賽多很多，除專業技能之外，還必須學習團隊合作、與不同對口社群溝通等超越課堂外的真實歷練。

2. 政府暨產學合作計畫案／以學術單位為申請核心

另一個引進資金的方式為計畫案形式資助，有分國家級的計畫以及地方型的計畫：國家級例如有行政院科技部人文及社會科學研究發展司推動的「人文創新與社會實踐計畫」[4]、教育部「大學社會責任實踐計畫」（University Social Responsibility, USR）[5]，簡稱 USR 計畫。地方上各縣市政府相關單位所推動的空間改善計畫，例如桃園市都發局推行的社區環境空間營造計畫，上述計畫本書案例皆有涉獵。這類型計畫由

4 人文創新與社會實踐計畫網址 https：//www.hisp.ntu.edu.tw

5 大學社會責任實踐計畫網址 http：//usr.moe.gov.tw

學術單位提出申請，政府單位審查，獲核准學術單位組織辦公室招募人力，進入社區進行長期推動與活動執行，以多年期長時間耕耘為主要模式。

而除了每年固定推動的計畫，還有以個案方式成案的產學計畫，此模式的計畫形式因各縣市各年度想推動方向而定，執行時程短，類型多元，就個人經驗曾經承攬的對口單位有社會局、經濟發展局、環保局、文化局等不同單位，有時是政府單位有意想在地方做事，而沒有構想轉而委託學校老師，有時是地方有想法卻不知如何執行，轉而請政府部門協助媒合適合團隊，進行計畫撰寫與執行。

3. 規劃輔導單位／以社區為申請核心

假如回到社會的根本，事實上最適恰的申請單位應該回到社區，由在地民眾或者NPO團隊提出申請，並邀請合適團隊協助執行，行政院農業委員會「新農業運動」、水土保持局推動「培根計畫」[6]以及各縣市「社區規劃師計畫」皆屬於這類，無奈台灣目前的在地意識相當有限，一般民眾與NPO團體對計畫書的書寫有一定困難度，往往有想法卻無法付諸系統文字，或者共同意識無法凝聚、導致各自發展無法整合，因此有一些社群平台或者是民間專業團隊會提供社區夥伴包含人民團體與社會企業，其所需之計畫資訊、撰寫知識、發展資源等，讓有心發展的社區更容易上手。

如果社區已經有申請計畫的經驗與成熟度，學校單位就可以立於諮詢輔導地位，由社區尋找人力資金，學校專家學者只需提供修正意見，最後由社區整合執行，這種完美的狀態，發展越久越成熟的社區越容易達到。

社區的差異

依據區域計畫相關法規，土地使用分區包含「都市發展用地」與「非都市發展用地」，其中非都市發展用地則內含農業區、保護區、風景區、河川區、其他。本書共接觸將近10個社區中，部分區域劃分位於農業區，像是新城社區、永寧社區。這些社區大多自然環境資源豐富，面臨人口外移老化；舊有產業蕭條困境，因此這類社區首要就是挖掘出現地可再復甦之資源，往往為自然環境下所支援之舊有農產業，如新城蔗糖、永寧茶葉，透過設計手段使之精緻化，提高單位價值，吸引新族群再度消費並回到農村。部分區域則位於都市發展區，此區地方居民密度較高，但凝聚力不足，需要在地NPO團體協助推動，因此此種社區，著重有趣的活動讓社區居民走出家門，例如節慶活動、假日市集，或者在平常生活必經處，製造局部區域的停留休憩所、打卡點，都可以提高社

6 農村再生培根計畫網址https：//empower.swcb.gov.tw/Team

區的活力並增加彼此認識的機會。

質性研究強調個體單一；講求每個地方的特殊性，無法以量化或如上述簡易歸納法概之，也因此以社會為基礎的設計研究，必須要深入社區才能依照社區成熟度、理解社區真正需求及其特色，定位並規劃短、中、長程計畫，最後建構出實際該社區所需要的規劃藍圖。

執行的考驗

Tim Brown & Jocelyn Wyatt（2010）[7]在「Design Thinking for Social Innovation」文章提到的社會設計是以設計思維系統為架構，以三個部份（three spaces）分別：洞見（Inspration）—從當地的生活學習反思，看見問題。創意（Ideation）—看人們不做的，聽別人不說的，找到行動方案。執行（Implement）—設身處地，感同身受，以實際行對找到符合人性的解決方案。以藉於此，大多社會設計都希望設計出一套讓使用者自力更生的系統，既能保有自身的尊嚴，以自身力量補足社經地位上的落差，然而這不只解決了生活不便者本身的問題，也解決了整個社會的問題。

縮小到社區的範疇，山崎亮整理出社區設計的四個階段[8]：傾聽、工作坊、打造團隊、活動支援。其中傾聽等同於Tim Brown的洞見，而工作坊、打造團隊、活動支援則是執行（Implement）過程的不同形式，希望藉由互動的過程中找到創意並落實，然而這四個階段在真實情況尚往往還是因人、事、時、地等因素無法循序執行，有時混雜同時並進，也有團隊解散窒礙難行的時刻，這些也都是本書案例實際體驗到的事實，如山崎亮所言，社會性設計牽涉到個案的差異性，很難以教科書形式一言以蔽之。

行政院文建會美化公共環境計畫[9]在說明社區設計與一般設計的差異性在於其「參與式精神」，其主要特色與優點歸納如P30表。其最困難點也往往在於「人」這個項目，因而產生「假參與」：單方面形式化活動，沒有真正跟社區結合，或者是「經驗的反挫」：設計者進入社區溝通障礙，造成挫敗感而認為參與無效等缺失。

為避免上述問題並成功完成設計，執行過程有幾個階段：規劃階段、設計階段、執行階段。

7 Tim Brown & Jocelyn Wyatt (2010). Design Thinkirg for Social Innovation. Stanford Social Innovation Review.8 (2) : 28-35.

8 山崎亮（2018），社區設計的時代：用「不造物的設計」概念打造二十一世紀理想社會，全面探究社區設計的工作奧義、設計總體方針，以及如何與社群團體培養合作默契。臉譜出版

9 曾旭正，劉欣蓉，黃衍明計畫主持（2002），參與式社區設計技術手冊：概論與操作綱要，行政院文建會出版

參與式精神主要特色與優點歸納

參與式設計特色	參與式設計優點
民主與開放的設計過程	從社區特性出發，建立有效而可行社區發展方案
由下而上的設計方法	凝聚有效解決社區複雜問題的共識，共同規劃與行動
奠基於地方的特殊性，沒有一定的操作模式	改善設計者遠離現場與實際使用者的缺失
學習與合作的工作關係	透過參與提昇民眾與社區環境意識
行動式設計	爭取人民的環境與社區發展自主權
在地作用的專業服務	促進社會和政府各部門職能改造
整合性的環境視野	重建居民關心公共環境意識並建立社區自我改善能力
	促進區域發展的地方網絡：含社區內部、社區彼此之間、社區與政府
	互動式環境教育，並培養多元化的社區與環境視野
	培養社會創造力

（資料取自曾旭正，劉欣蓉，黃衍明，2002，行政院文建會美化公共環境計畫）

每個階段不同，身份者的任務也不同[10]

就設計者來說：

規劃階段／設計專業者工作任務（除扮演設計者之外，還需扮演溝通串聯的組織者）：

・進行社區訪調及資料搜集
・社區核心人物拜訪與初步溝通
・發覺診斷社區問題並評估需求
・協商公部門相關規範資料搜集調閱
・現地勘查與測繪
・研擬執行方法與時程安排

設計階段／設計專業者工作任務：

・進行實質設計
・舉辦（定期、正式、非正式）大小討論會及現地模擬討論會，以促進相關人士如社區成員與政府單位持續參與討論

10 曾旭正、劉欣蓉、黃衍明計畫主持（2002）、鄰里公園社區計畫技術手冊：社區參與設計打造好品質的鄰里公園、行政院文建會出版

- 透過案例介紹或參訪其他成功社區激發社區想像力
- 落實社區需求與社區想像於實質設計上
- 邀行政相關部門召開「行政協調會」，以評估可行性及經費額度，酌情調整。

就當地社區工作者（NPO團隊或者里民社團）來說：

規劃階段／當地社區工作者任務：

- 社區自我評估與組織動員
- 梳理社區權力關係並進行意見協調溝通
- 告知社區居民計畫內容並使之充分認知與認同
- 社區自我培力培育工作討論與相應行動計畫研擬
- 透過計畫執行學習部分專業知識與公部門行政程序，以利後續自主經營

設計階段／當地社區工作者任務：

- 描繪社區願景，激發社區想像與社區營造動力
- 透過討論會與談話互動挖掘社區居民對計畫的實際需求
- 協助弱勢發聲，平衡社區內權力關係
- 協助社區居民對計畫案的理解與想像，反饋給設計者，打破專業設計語言的藩籬

· 舉辦成功社區參訪、經驗交流活動
· 社區人才的發掘與培訓

完成規劃與設計後，到執行階段就必須選定合適施工團隊執行，並進行監督，如果是裝置、景觀、休憩空間的改善，居民與施工團隊可共同執行並安排後續養護計畫，如果是生產商品與服務，更往前一步就會走向行銷與推廣，然而當前地方文創商品如雨後春筍，要引導消費者了解商品含意而進行購買，就必須要有文化辨別的功能：例如在地關聯性、獨特性、故事性、紀念價值、原創性、經驗分享、知識傳達、國際化及永續性及經濟性[11]，除商品本身特色外，還必須搭配媒體推播與社群的擴散深化，最後此產品跟服務的核心技術，需要交還給社區傳承，持續經營、調整改善，達到真正的在地永續。

11 謝淳鈺，嚴珮琪（2017年12月）。"社會設計模式應用於在地文創商品：以新竹縣新城社區為例。產業與管理論壇，19（4）：4-31。（TSSCI）。本人為第一作者、通訊作者。

你該知道的社會設計意義

從社區到社會

行政院文化委員會在 1994 年開始推動「社區總體營造」，主要是讓民眾產生地方認同，直到 2007 年以「地方文化生活圈」區域發展的概念為出發，規劃新故鄉社區營造第二期計畫（2008 年 ~2015 年）旨在提升社區文化生活及自治品質，推出藝文參與的社區營造方式，帶動更多社區民眾的參與，凝聚社區的情感，激起對於家園的關懷，增進參與公共事務之能量，落實社區營造的目標。本書嘗試將社區營造延伸成為社會設計的一環，除了由下而上的參與式設計作法，也嘗試在設計議題中帶入環境保護、文化價值等社會議題，讓設計不再是只為金字塔上付得起金錢的 10% 人做設計，而是為大眾、為常民，為弱勢族群謀福利而做。

隨著全球化及美學思想普及化，大眾對於設計的想像與期望逐漸擴大，身為設計師，要看得到使用者所處的脈絡或社會情境對個人的行為、社群產生的影響。這也代表設計不再只是關在房間、不停的腦力激盪，設計者必須走入田野、深刻有系統的觀察、結合理論，為「人」設計出量身訂作的解決問題系統，才賦有「設計的價值」。在資訊與科技發達的時代，看似在遙遠國家所發生的一小問題，也有可能發生在自身國家不知道的角落，所連帶的蝴蝶效應是這個全球社會所要共同承擔的，這說明了問題不再侷限於特定人、事、物及地點，每個人都與社會緊緊相關，身為設計者，應該到了正視「真實的世界」，為社會而設計，本書的初心就是從此而始。

Chapter 2

小小的地方 點的起始

社會設計意旨以同理心進行社會創新，為 90% 的人設計，農村洄游駐村行動重新架構農村生活，將設計落實在自身社會，為公眾、為社會利益設計。

Project

01.

洄甘新城：集結農產與工藝文創的力量

DATA 關於他們蔗群人

台灣新竹寶山，2014 年開始

氣味，是新城給人的第一印象。不特別起眼的鄉野小徑中，聞到似是烘烤地瓜的香氣，卻多了一份撲鼻的甜味，味道漫飄在整條路。四月某日晴朗偷閒的下午，我們這群人誤打誤撞走進了新城風糖園區，才了解到四溢在整個村裡的香氣，是煮黑糖的味道，是新城的味道。

遇見「蔗群人」

與蔗群人的相遇，從設計糖罐的包裝開始

也許是地利之便，也許是碰巧，與新城社區的緣分似乎從 2013 年就開始了。當時中華工設系剛開始起步，在資源短缺、人力短缺的狀況，我一心想帶著這群剛學習設計的孩子離開紙上談兵的教學模式，不論是從大家常說的產學合作案或者是校外競賽，我都滿心歡喜的願意投入參與。當時，建築系的陳老師給了我們一個機會：一個簡單的包裝設計案的開始。

新城社區是一個參與政府培根計畫多年的一個社區，對於社區營造以及農村再生的規劃已經耕耘多年。我們的加入主要是為了幫助他們產業加值，簡單來說：就是社區想賣糖，我們幫他們設計糖罐、糖包裝然後再加點文創行銷的點子，看能不能在現有的架構上，讓他們的產業經營得更好。這樣簡單的契機卻

意外的讓我們結交了新城的居民，除了設計者與業主的關係之外，還擁有了共同推廣社區產業的夢想，甚至萌生了共創共榮的理念，這些當然都是後話，當時我帶著三人不到的學生團隊，只希望能給中華工設迎來第一個產學合作案的成功。

農村洄游專案，促成蔗群人成軍

幸運的，黑糖包裝的產學合作案獲得了成功，社區滿意、包裝禮盒也成功開始在節慶時販售。小小的玩偶，放在精巧的玻璃罐上，桐花轉換的圖騰轉譯成紙盒上年節氣息的富麗堂皇，社區客層開始從進香踏青的婆婆媽媽社群，進一步打入了較為年輕更大眾的市場，只是小小的轉變社區給了我們大大的熱情，我以為這樣應該就會結束，然而事情的發展又有了意外的支線。

2015年的五月份，水保局的大專生農村洄游競賽來中華大學招募團隊，而我正苦惱著該年暑假學生

們的實習何去何從。突然間，似乎這兩者產生了一種可能性，促成了蔗群人的成軍。

在正式進入洄游計畫前，蔗群人來到新城做了幾次的探訪，了解社區概況並且和居民們有了簡單的接觸。抱著對於農村既有的印象，想像能為這個社區帶來些什麼的同時，新城社區反而一直在給予我們新的農村印象，這便成為了駐村的特殊且有趣之處；就像都市和鄉下孩子們交換玩具玩一樣，用最純真的一面彼此交流、學習。除了不同於都市的清新空氣與農村美景之外，在這一個滿是銀髮族的社區內卻充滿不輸給年輕人的活力。老爺爺們總有股頑皮的勁兒，而老奶奶們更是常常嬉鬧成一片，使我們不禁莞爾「這真是一個不輸青年人的樂齡社區啊！！」

大專生洄游農村計畫是一趟學旅，學員首先透過競賽獲得駐村資格與基金，經過主辦單位的三日的共識營之後，成功協助團隊重新訂定更清楚的方向，也激起蔗群人的鬥志，使我們了解到，每個農村都有各自不同的特色，因此也會需要以不同的方式來訂定目標；以不同的角度來深入社區，和社區合為一體，由內而外地發現其所需。

從踏入新城到融入新城，蔗群人甚至得到的比社區還要更多，除了從駐村到目前為止的成果之外，蔗群人要做的是「延續」，延續這些成果是我們的最終目標，因為新城社區和水保局我們得以在此計畫中成長，而我們將成為洄甘後新城中的一筆；黑糖香竹上的一節。

可以說，蔗群人包含了之前做黑糖包裝產學案的前成員，同時也招募了新血，然後在2015年的夏天，因為參與大專生農村洄游的計畫案，正式發光發熱了起來！

Plan－01－找出社區資產進行改造

只要你夠用心，真正進入社區後，每個社區都會如聚寶盆般的源源不絕透露出新的資源寶藏！「新城」只是我們愛上地方的第一塊敲門磚。

在真實進入社區前，每個做過地方營造的專家學者都知道最重要的是資源盤點，形塑社區的最有形的資產就是其產業活動與外部環境，自然環境優美又有具有經濟價值的產業型態，這個社區就具有相當高的潛力，可惜的是在地居民往往不知道，又或知道卻不知如何具體化並加以推廣，這時候地方創生與社區活化的設計者，就扮演著極重要的推手。「新城」就是同時擁有高價值產業與自然環境的一塊瑰寶。

Point 01 核心產業・黑糖的故鄉

自日據時期新竹縣便以製糖聞名，而寶山鄉因水質乾淨且屬沙岩地形，田地種滿了量多質優味道清甜的竹蔗，造就了如此的一個「糖鄉」。遵循古法的製糖過程，更使新城產出的糖有著「活糖」的稱號。在這樣的的環境當中，不僅體驗到農村的樸實優美，還能聞到隨風飄逸的糖香味。

黑糖不僅是支持著新城社區的產業，也是社區耆老們的記憶。憶起舊時，忘不了的是村落中隨風撲鼻而來的糖香，村中的孩子們無一不是看著牛拖石臼磨蔗、趁大人們煮糖時，偷吃著黑糖成形前的軟糖長大的。兒時的回憶歷歷在目，聽著他們描述著當時的各種農村情景、農具的樣子、種植竹蔗的每一項細節，彷彿也和他們一起回到當初黑白照片的日子。

體驗傳統手工製糖

由於人力的不足，傳統製糖產業漸漸沒落，而糖香的記憶也隨著時間一點一滴流失中，然而新城社區發展協會於民國九十二年起逐步以「糖」為地方特色發展產業，著手研發製作許多黑糖相關產品，並創立新城風糖園區，提供遊客體驗傳統手工製糖的方式以及能夠親近大自然的休憩場所，使新城社區再度充滿生氣。

手做黑糖饅頭樂趣

隨著充滿熱情的園區執行長王翎鳳的親自導覽解說，小朋友們得以了解黑糖的製作過程，並且動手體驗製作黑糖饅頭，在歡笑嬉鬧當中，學習農村的文化產業，結束後還能品嚐自己親手做的黑糖饅頭。

Point 02 周邊產業：寶山燭業

周邊產業往往也是考慮社區再生可以拉進來一併推廣的資產。

社區活化最初的做法以社區營造的說法就是所謂的「社區擾動」，利用新的活動帶動社區活力，讓居民走出家門，周邊景點所引發的群眾集會所，加上政府近年所極力推度的小旅行、輕旅行等等，讓外部民眾進入社區，都是可能活化社區的機會。除了核心產業的新城風糖園區，宗教集會所應該就是社區內最重要的景點。

寶山燭業：吹不熄的蠟燭，點亮新城

寶山燭園位於聖女小德蘭朝聖地後方，為北部唯一的一家藝術造型蠟燭工廠，生產各式蠟燭，積蓄了豐富的文化資產，來到寶山燭園蠟藝館除了欣賞五花八門的蠟燭藝術，更可以親手製作屬於個人風格的香

氛蠟燭。

始於1991年寶山蠟燭經歷了外銷的全盛時期，手工傳統產業一片生機蓬勃，燭園在藝術蠟燭的外銷市場上頗獲好評；然而隨著經濟不景氣，傳統產業首當其衝面臨嚴重打擊，正巧政府推行社區總體營造「一鄉鎮一特色」，燭園在長官及學者的指導之下，著手轉型，開啟文化產業的路線，設計課程讓國人認識蠟燭、體驗燭藝之美。

新豐宮・凝聚社區的信仰地

新豐宮為具有百年歷史的三山國王廟，創建於道光十四年，是新城、深井、寶斗三村的信仰中心。座落於新城社區，主祀「三山國王」。建宮迄今，約一百七十餘年，廟之後方及廟前空地闢為花園，配合戲台，亭閣行程一美麗園景，此不只為民間信仰之聖地，亦可稱為寶山鄉之社區公園。閒暇時，老人們喜聚集於此彼此寒暄，不時會有大大小小的活動在廟前空地舉辦，是社區居民間聯繫感情之聚所。

Plan－02－ 找出社區核心人物

「最美的風景是人」這句話在駐村的期間，不斷地浮現在腦海裡。因為彼此理解，產生對在地文化的認同，轉而從他者的客體，成為相互依存的本體，美的感受即由此而生。

農村意味著尚未高度都市化的區塊，自然資源豐富，但卻需要以在地產業振興已經逐漸衰老的人口紋理。近年來政府不斷鼓勵青年返鄉，重新回歸鄉里，將原本衰落的產業進一步再造，因此有鮭魚洄游等等計畫來支援。回看歷史台灣青年對在地情懷的產生，共有三波：1. 1990 年代對於青年開始對於自我價值認同產生疑惑，希望藉由返鄉重新建構與家鄉的連結。2. 2000 年 921 大地震後，天災導致地方建設以及產業的破壞，政府啟動社區培力以及農村再生活動，協助青年回饋家鄉創業。3. 2010 開始迄今為第三波的青年返鄉熱潮，包括政策推動，例如紮根計畫、農村洄游等等，社群媒體的推廣經營，對於社會議題：非營利組織與公民意識的抬頭，都促進了年輕人開始關心他人，走入真實社會。新城就有這樣的人物。

People 01 實踐家：翎鳳與榮峰

每個社區總會有最熱情投入的核心人物，翎鳳與榮峰就是這樣一對可愛的夫妻。從開始經營手工黑糖的小店開始，慢慢有了黑糖饅頭、黑糖冰棒等相關產品，他們一直為了新城黑糖夢而努力，而他們的黑糖伴手禮品店也成了新城社區所有活動開始的據點。第一次見到他們，是為了黑糖的伴手禮盒設計而來，當然後面我們不只做設計，還交了朋友，從他們身上看見了熱忱，理解了他們對新城改造的企圖心，於是，順理成章地農村洄游計畫就應該在新城發生，而他們也成為這次計畫最重要的支柱，看到成員忙到忘記吃飯，黑糖饅頭、黑糖冰棒等吃食源源不絕供應，在那個燠熱又忙碌的暑假，總是帶給年輕學生們滿滿的正能量！

People 02 竹編達人：蕭爺爺

每個社區都有達人。

做過田野調查的人都會有一種原來社區不是表面看起來這麼簡單的感想。往往都有高手在民間，蕭德貴爺爺就是這樣的珍寶。為了更接近新城的自然土地，成員親自體驗傳統竹編技法。從清早上山砍竹開始，再慢慢剖開竹筒變成竹片，蕭爺爺手把手地教，揮汗如雨、手指割破都不足以到盡辛苦，僅一點點竹片，便忙了好幾個早上，才了解到那些作為竹編材料竹片有多麼珍貴。從準備材料到學習編織，爺爺用他最大的耐心，不疾不徐的教導成員學習古老技藝，看似簡單的東西卻如此困難。爺爺說：「他不怕學生做的慢，最重要的是有那顆肯學的心。」

People 03 返鄉青年：榕晨哥哥

徐榕晨在寶山長大，是在地的新城青年，原本是化學老師，受到感召後即回到家鄉，開始參與水保局在新城推動的農村再生計畫，因此，當蔗群人在新城啟動大專生農村洄游計畫之時，就順理成章成為三天共識營活動[1]中的新城代表。

People 04 點亮新城：呂阿姨

燭藝，是新城周遭另一個被遺忘的產業，經營燭園的呂阿姨從年輕時便開始學習燭藝，早期台灣蠟燭藝術做不起來，業界一片冷清，訂單也漸漸消失，只能無奈地將產業轉移大陸。呂阿姨回憶：「即便在大陸經營成功，但總是身在異鄉。」因此，她毅然決然回到新城，自己親手建構燭園園區，配合多元教育的推廣，逐漸開啟新城燭藝的文化產業，有了小小的知名度，產品也累積了一定的數量，可以說是產業回移在地的一線曙光。

1 大專生農村洄游計畫獲選之駐村團隊，在實際進入農村之前，水保局會授與為期三天的共識營課程，教授入選的20個團隊關於駐村的一些相關知識與訣竅，以凝聚共識，故而名為共識營。

Plan－03－透過活動帶領居民參與地方

進入社區之後，首先要做的就是「社會擾動」：利用某些計畫、活動釋出善意，帶領在地居民走出家門，參與地方，活絡原本死寂的社區人際網絡。紅十字會跟樂齡食堂兩處是可能的起始點。

活動 1　除草任務拉近社區居民的團結

隸屬新竹縣紅十字會支會的「金鎮學堂」開設約五年，學堂內部招收的學員多為高齡與部分身心障礙者，在駐村前大部份的人都對此處完全陌生，來到這裡後因為一個小小的委託而成為蔗群人第一項在社區內的任務。

第一次探訪金鎮學堂發現該區域很安靜，植物繁盛，院內有專業的師長以及很多可愛的弟弟妹妹們，屬於一個白天日間照護的學堂。在說明來意後，院方告訴我們，學堂前方有一塊空地，一直以來都想要利用該空地帶領堂內的夥伴一起種植蔬菜，勞動並提供伙食，然而目前雜草叢生的狀況，以他們目前的人力與工作效率，根本沒有辦法完成除草這項費時費力的工作。因此，離開社區之後，我的辦公室內馬上堆滿了袖套、雨鞋、鋤頭等除草工具，準備進行除草任務。

團結力量大

除草任務進行得很順利，堂內孩童以及長者看到大家在忙，也衝出來幫忙推著推車、倒垃圾，頂著火燙炙熱的陽光，原本不熟悉的兩群人，因為有著同樣想要為社區努力的心意，團結在一起，有嘻鬧，有歡笑，這就是社區最珍貴的資產。成員回憶道：「我真的覺得團結力量大，雖然很累，但也都看的到大家的臉上不時地露出笑容。」拔草完之後，院方姐姐端著一大盤的西瓜出來請大家吃，邊吃著西瓜邊看著原本雜草叢生的地，另一個成員笑著說：「我覺得我們很強，才花一天的時間就清出空間可以讓爺爺種菜了。」只要團結起來，不管再難的事，也都可以輕易變成小事。

活動 2　阿公阿婆們的傳家寶生命繪本

生命繪本是由樂齡學習中心在我們駐村的這段期間當中推出的課程，引導阿公和阿婆們將自己從出生一直到現在的回憶用繪本的方式記錄下來，讓他們的故事予以保存。幸運的是，蔗群人正好在此時此刻加入並協助他們完成這本叫做「黃金歲月」的生命繪本，成為當中的一部份。

黃金歲月

在人的一生中，你有幾次回頭重新檢視過往，那臉上的痕跡是生活的見證，是驕傲的功勳。

每逢星期二和星期四是新城寶山樂齡學習中心的上課時間，課程設計要陪著阿公和阿婆們回憶起他們的黃金歲月：首先拿起一張張照片，說著兒時的記憶，像回到那時年輕的自己每張歲月累積的臉。

一開始因為太多樂齡學伴了，無法照顧到每一位，因此成員與阿公阿婆進行了分組活動，每位成員指導幾位學伴，做他們的專屬導師。剛開始因為不熟悉，長者們總是笑笑地坐著，話不多；等待詢問，慢慢地，因為駐村期間天天見面，逐漸變成無話不談，甚至已把學生們當成自己的孫子和孫女們。位於新竹縣的新城社區屬於客家村落，許多阿公阿婆都講客家話，年輕一輩的學生就算是客家子弟，但聽得懂的實在有限，只能一步一步的慢慢學習，於是產生了既好玩又溫馨的場面，祖孫們天南地北、比手畫腳，共同在畫本上創作成長的軌跡。成員笑著說：「經過了兩個月，我們的客家話進步了不少，雖然客家話不好，但是阿公阿婆還是很有耐心地跟我們講五遍十遍，甚至用比手畫腳地慢慢靠近彼此的心。」

小小的故事，大大的意志

阿公阿婆們不僅與團隊成員分享他們的人生歷練，也讓成員了解很多這個年代不會知道的事。以下是成員紀錄的片段：

「得友阿公說他以前在碾米廠上班，還畫了好多機器介紹給我們看，詳細地講解怎麼使用，阿公說有很多機器都是他自己動手做的，甚至還產銷出去。其實每個阿公和阿婆們都有自己的才華。他們囤積已久的技術與知識，需要靠年輕的一代吸收，才能代代相傳，為這些精湛技藝發揚光大。」

「文波阿公與金滿阿婆他們是一對可愛夫妻，兩個人都是老師，溫柔善良時常帶著微笑，阿公小時候讀書時非常辛苦，沒有多餘的金錢可以上補習班，因此阿公發誓長大後要當上老師，幫助每一位同學，不讓他們因為金錢而失去學習機會，讓我體會只要下定決心沒有事情辦不到。」

「春幸阿婆非常害羞，第一次與他們相處時總是默默地在旁邊看我們靜靜地溫柔地在旁邊微笑，阿婆很可愛，主動去裝了綠豆湯給我喝，而不是給她自己，一個動作，一個接觸，那是婆婆給予我的關愛，很簡單卻很溫暖。」

「春梅阿婆很可愛很活潑，他是第一個抱著我跟我說「我愛你」的婆婆，一點也不害羞地說出他內心的想法，總也把我當作自己的孫女一樣，每次看到她，她都會用開心的表情告訴我，我的孫女來看我囉！」

「還記得第一次與菊梅阿婆聊天，想要慢慢地了解她，但聊了幾句話她就流下淚了，當時我不知所措，只好摟著她安慰她，不敢再繼續問下去。慢慢地與阿婆接觸，鼓勵她安慰她，現在的阿婆是開朗許多，每次下課時告訴阿婆說：「你好棒！」她就會非常開心，一直笑，也一直跟我說謝謝。」

「和福德爺爺與玉英阿婆聊天時，他們不會對我有防備，很開朗地分享他們的故事，他們夢想就是讓家人們可以過穩定的生活。在製作繪本時，他們很投入，很願意自己動

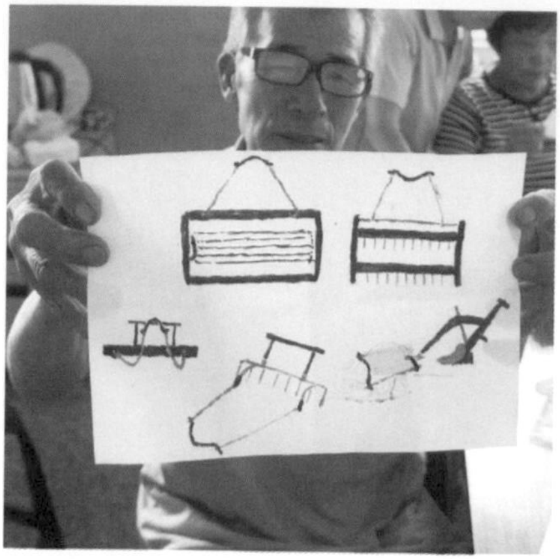

手寫完他們的故事，夫妻倆在寫故事時還會有說有笑的，那一幕是多麼幸福啊！」

社區的根基

社區的根基在「人」這些人不但給了後代最美好的景色，也為後代帶來美好的故事和歷史，更是社區的寶藏。

台灣因為人口結構的老化，新城社區就如同很多其他鄉鎮，留在家鄉的大多為退休或者是不喜歡都市快速競爭的長輩們，青年人進入農村，就像遊客一樣，長輩本能性的指引學生們走到販賣部，而非相互打招呼，那種互動模式很微妙，感覺像是完全不同時空的人忽然之間平行交錯。而這樣的交錯給予了彼此相互學習的機會，有成員感慨到：「新城社區的爺爺奶奶們比年輕人更有夢想與毅力，總是笑著面對人生的磨難，有些老人家堅持一磚一瓦建造自己的房子」，而當我們問到：「工作這麼累，

還有力氣蓋房子嗎？」老人家吐露比青年人更熱血的話語：「有夢，力量自然就來了！」學生們受到了激勵，更加確立了想把新城社區變好的目標。

在執行社會（社區）設計的過程中往往會看到新舊世代彼此共融的感動，這個將近半個世紀的世代差異，在日常的生活軌道中基本上是平行時空，根本不會交錯，但因為進入社區之後，才得以打破藩籬，彼此了解，如果說設計是一個以人為本的志業，充分的理解各個族群就成為很重要的功課，這樣的在地實踐確實在學生心中留下了難以抹滅的影響。

Plan－04－社區廢棄有機物的再生發展

以創意尋找機會，發展永續設計以促進產業轉型。

新城社區有相當程度的產業發展，從傳統甘蔗製糖，現正轉型朝向精緻農業觀光發展，特色產品；黑糖、爆漿黑糖饅頭，在銷售上有實體商店及網路販售、電話宅配等通路，但朝精緻農業觀光的路上，仍是少了些辨識度。在了解甘蔗變為黑糖過程中，發現甘蔗渣在製程是一種廢棄的有機物，蔗渣過去只有被用在堆肥上，但未清除的糖分會造成很大量的蚊蟲孳生，而有機堆肥的發展也需要高成本及技術，要經過半年以上有機堆肥才可使用。當時我帶領的團隊成員多為產品設計系學生，討論後大家認為蔗渣有其他發展的可能性，目標訂在蔗渣工藝為出發，配合社區未來的發展項目研發蔗渣包裝，呼應品牌提倡天然有機的概念，增加新城黑糖在市場上的辨識度。

Point 01 用頑固的渣來一場「造紙」計畫

決定用在地的廢棄有機物再生發展後，搜尋了關於蔗渣發展的案例，其中發現甘蔗紙的韌度較強、可塑性較高，能作為產品的包裝、手縫工藝品、塑形工藝品等，於是從第一步造紙開始做起。

慶幸身處在網路資訊發達的時代，雖然沒有造紙經驗，但網路上許多的相關影片，開啟了蔗群人的蔗渣實驗，取材、清洗、蒸煮、打碎、抄紙、壓紙、曬乾，一步一步的跟著影片流程來回試做。

這個階段我們的紙沒有一張成功過，眾多問題找不到答案，如甘蔗渣原有的糖份無法清除引來的飛蟲、蔗渣纖維的長度要多長、蔗渣漿要打得多碎、抄紙時紙張纖維無法平均、蔗渣與水的比例、纖維結構鬆散無法成型。

像鬼打牆般實驗了一個多星期，蔗渣殘屍片野，學生們一片哀號，瓶頸無法突破，必須尋找專業諮詢，於是我開始打了幾個電話，找到南投廣興的手工造紙廠，他們願意讓學生過去現場實作教學，並解決疑難雜症，帶著所撿取的蔗渣原料，蔗

取材 → 清洗 → 蒸煮 → 打碎 → 抄紙 → 壓紙 → 曬乾

群人邁向新的專業。

Point 02 尋求手工造紙廠學習傳統技術

到了廣興跟著導覽員的解說，也特別請教了紙廠的陳先生，才了解糖分的去除是要經過多次的煮、洗，蔗渣纖維的長度則影響紙張成型後表面紋路的效果，抄紙的工具及抄紙攪拌入水的方式，決定紙張的均勻平整，另外手工造紙有兩樣重要元素：

一、馬拉巴栗膠：使纖維平均分佈在水中，纖維產生黏性。

二、樹皮纖維：細長的纖維使紙張結構成型。

在細節比例的調配上雖然廣興並沒有多透露，但造紙的幾個關鍵問題算是有了決定性的理解，帶著逐漸回升的信心，隔天，照著一項一項的步驟，紀錄第一次馬拉巴栗、樹皮、蔗渣、水的比例，第一張紙居然成型了！

然而快樂總是短暫，第一張紙的成型並不意味著真正能夠開始讓紙張成為產品，接踵而來的問題，像是抄起來的紙張不易從抄網上取下、取下後破損、紙張不平整等等，讓我們心急如焚，再次請教廣興紙廠後，釐清也許是四樣元素（馬拉巴栗、樹皮、蔗渣、水）比例的關係，於是，我的辦公室成了蔗紙實驗場，散佈著鍋爐、攪拌器、各式刀具、剪具，那個暑假整個走廊都飄散著濃濃的蔗糖香。

在重複實驗後，包括了漸少以及增加馬拉巴栗的量，問題依然存在，最後確認了是樹皮的比例問題，因樹皮的細長纖維使紙張緊密成型，當抄紙取下時纖維因結構吃緊而完整，紙張取下後為了加快紙張乾燥的速度，用熨斗壓平燙乾，這樣的處理方式確實更有效率，但紙張在高溫擠壓下，乾燥後會偏硬脆，於是我們決定採用古法，壓平、自然曬乾法，保有蔗渣紙原有的韌性，一而再再而三的實驗後蔗渣紙成功了。

Point 03 更換設備，抄紙術再進化

在前置作業中，最耗時的就是從榨乾的蔗渣中挑出中心的細纖維還有將經過曬、泡、煮過後的蔗渣放入攪拌機前，手動剪斷纖維的動作。礙於機具的簡陋，使這些動作變得繁複且費時費力。因此我們特別商借他系的工業絞碎機，試著直接將剛榨乾的蔗渣投入機內絞碎，大大地增加整個流程的效率，這一重大發現一次使蔗紙生產量勢如破竹，問

題迎刃而解。

提升取渣效率：由於原程序用的是家用調理機，需特地挑出細纖維才能絞碎，而工業用絞碎機可輕易完成。

減短蒸泡時間：因為纖維變得更碎、密度更低，使得糖分較易提出，同時軟化也較快。

提升打漿效率：經過攪碎機後的纖維變得更碎、更鬆散，因此可以完全排除打漿前剪斷纖維的步驟。

製程與品質優化：較細且鬆散的纖維使各種攪拌程序變得容易，更能增加紙質堅韌度與紙面平整度。

Point 04 蔗紙製造的技術植入與延續

社區設計另一個常常失敗的原因在於延續與傳承，團隊進入社區進行改造，一旦計劃案結束或者政府資金終止，團隊退出社區後，社區是否能延續團隊成果，還是回到原本死寂的狀況，成為往後成功的關鍵，因此為了讓社區居民能夠在未來繼續嘗試蔗渣的各種可能性，蔗群人要做的是把這項技術的基礎穩定下來，讓技術深耕在社區內，並且交給社區穩定地運作。為了避免因人力需求為社區帶來不必要的負擔，我們將蔗渣的處理流程檢視了一番，並且根據我們的處理方式以提高效率為考量逐一調整，盡量簡化（如P.60步驟圖），期望能以此為根基，讓新城社區更願意嘗試新事物，也更有能量。

Point 05 用蔗紙研發日常生活小物

蔗紙順利產出後，團隊成員希望由較簡易的小手工藝品開始著手，筆記本、小零錢包、提袋，以凸顯米白色的手工蔗紙纖維的表面質感。基於團隊成員的特質，我將整個計畫的核心圍繞在新城社黑糖產業廢棄物的再生，將農村所留下的甘蔗葉、甘蔗梢、甘蔗纖維等廢棄材料，進行材料實驗，嘗試找出材料再生文化商品可能性，並帶入地方文化商品設計因子，將其設計成獨具新城社區特色之商品，研發後於傳授居民並與當地居民共同創作蔗渣文創

商品，並將其販售。

研發設計商品共有八項成果，分別為蔗紙、蔗紙筆記簿、療癒盆栽、吊掛式小花瓶、帽子、零錢包、斜背包、蔗球燈，多為日常生活產品，現為後續設計商品之雛型，由於成品完成後，需將其設計過程教授於社區，故製作步驟皆以設計成簡單容易操作之商品。

1. 蔗紙

製作過程：取渣、清洗、蒸煮、打碎、抄紙、壓紙、曬乾。

設計概念：此產品為蔗群人團隊所研發最初步商品，應用於新城社區之社區導覽時，輔助講解社區文化道具，預計設計成體驗教學商品。

2. 蔗紙筆記本

製作過程：量完內頁寬後，將包覆的蔗紙邊緣尺寸往外1公分，裁下並在內部黏厚紙板，在書皮內部貼上牛皮並與內頁相黏即可完成。

設計概念：使用新城社區製糖廢料—甘蔗渣，所製成的封面，帶有手做紙的溫度，打開石斑紅的新城社區印記，紀錄每一天。

3.療癒盆栽

製作過程：將蔗渣泥放入小型容器，壓塑成型，取出。

設計概念：產品運用蔗渣保水特性，偶爾忘記澆水也沒關係，內部植物長大後可直接撥開種在土裡與環境一起分解，達到永續目標。

4.吊掛式小花瓶

製作過程：1.將蔗渣泥包覆壁掛，等乾。2.將蔗渣紙裁成條狀，在三分之一處反摺。3.在蔗渣紙的三分之二處開孔洞，並插入蔗渣試管。

設計概念：改變以往花瓶擺放方式，吊掛於牆面，從蔗紙延伸花瓶，將平面轉化立面，製造趣味性，在試管裡，隨著心情，放置不同的花朵。

5.帽子

製作過程：依帽子公板裁出所需蔗紙，將其拼接縫製而成。

設計概念：在社區內時常看到婦女帶著一頂遮陽帽，此設計結合樂齡中心手工藝課程，研發而成。

6.零錢包

製作過程：依零錢包公板裁出所需要蔗紙，並與口金縫製而成。

設計概念：社區婦女喜愛縫製小錢包，將其帶入樂齡中心手工藝課程，運用蔗指縫成隨手小錢包，讓零錢不再難找。

7.斜背包

製作過程：依公板裁出所需蔗紙，將其拼接縫製而成，最後在內部兩側將背袋縫上。

設計概念：手工製成的蔗紙鞋背包，可依顧客喜愛花色，將布條縫製外側，訂做專屬包。

8.蔗球燈

製作過程：1.將蔗渣泥平均塗抹在吹氣的氣球表面，風乾後，將氣球刺破。2.將燈裝入並固定。

設計概念：運用蔗紙表面紋理製作出不同的光影效果，關燈時看似平凡的吊燈，開燈後呈現至熾熱、熱火球狀。

結語　核心的價值

蔗渣產品是融合這次計畫中各個面向的結晶，實驗的過程既有趣且艱辛，從一開始尋找在地創新的破口，而找到蔗渣切入，並進一步利用廢棄蔗渣製作成商品，為社區原有產業裏上一層附加價值，定位商品方向，最後投入社區。

在這個重視環保的年代，設計者應當觀察資源本身所帶來的附加價值，竹蔗「N 次方」就這樣一個結合在地資源以及返鄉青年技術的良好示範。對每一次的農村洄游來說，在地資源與進入農村的團隊特質，會激發出不同的火花，因此不同專業的人看到的在地資源可利用性，往往也會不同，這也是社區與農村需要不斷被擾動的原因，在不同經驗（實驗）中發展不同面向的再造，以帶來不同的商機與發展。

原本連紙也做不出來的蔗群人經過無數次的失敗，接受了備料、抄紙、打掉重做「無限輪迴」的洗禮之後，對於蔗渣的各種特性得到頗深入的了解，證實了初期的產品充滿了可行性。因此，蔗群人盼望能夠透過當地NPO團體，像是社區發展協會以及樂齡教室等等，給予當地居民學習製作蔗渣製品的機會，並且讓喜愛工藝的學員自發性地發展其技術。由在地人親自帶動此產業，使特色產品更為人性化與普及化，實現新城社區「竹蔗N次方」的特色理念。

Plan | 05 | 串聯手作與藝文活動行銷

持續推動將創意根留農村，成果向外擴散。

大專生農村洄游是一個旅程，起始於每年五月的洄游競賽，必須要在全國各大隊伍中脫穎而出，成為入選的前20強，才可以真正進入駐村活動。表2015駐村期間大事記（如P.77圖）記錄了這整個夏天我們與新城的互動過程，為配合大學生的課程，在七月暑假前，都是前期規劃，包含了主辦單位水保局為這20個入選團隊，所訂定的3天共識營研習課程，課程內容豐富，有社區營造專業、影片拍攝以及行銷推廣等等，讓團隊重新思考社區與他們之間的關係，扭轉過往對農村的既定思維，並給予駐村所需的技能與知識。

Point 01 藝文活動規劃

在駐村期間，期中成果的訪視是重要的檢核點，主辦單位會邀請專家學者成立訪視委員會，針對駐村當前的成果給予意見與修正建議，因此訪視日的規劃，無不考驗了團隊的活動整合以及行銷能力。為求擴大學辦訪視日的宣傳效應，成員與新城NPO等居民團體規劃了猶如園遊會的系列活動，除了核心蔗渣產品的研發展覽，還配合了新城社

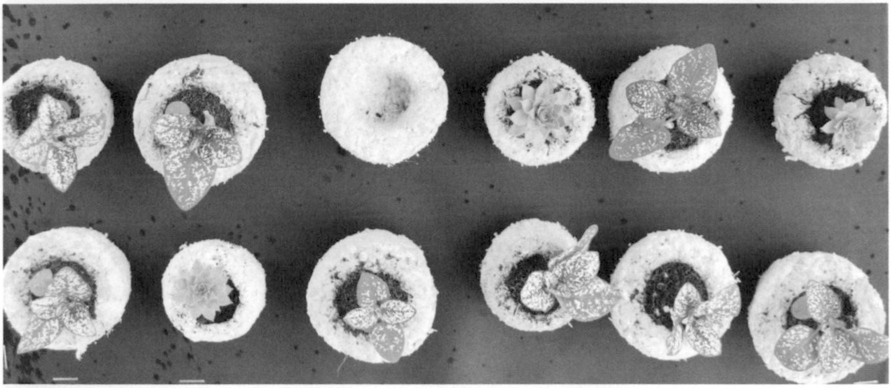

區周邊景點的踏青行程，並邀請了縣府市長蒞臨指導。

籌備過程中非常艱辛，困難重重，首遇風災後，原本預計要來的園遊會攤商無法前來，中途成員紛紛受傷，加上場地燈光不足等等失控狀況，讓憤怒、沮喪、失落的心情紛沓而來，幾乎要放棄，或許這股傻勁終究感動了天，彼此不斷心戰喊話起了作用，在天空露出魚肚白的黎明，原本下大雨的天空突然放晴，一切終於就緒。

訪視日的農村洄游活動規劃如下：包含了1.竹蔗工藝展覽、2.農村劇場、3.村風光情境牆、4.告白牆、5.手抄蔗紙體驗活動、6.食在新城。

活動1　竹蔗工藝展覽

蔗群人將研發出的蔗紙以自身所學，將平凡蔗紙重新加值，重生創新產品，並展出與新城竹編老師及國寶級工藝師學習所設計出具有現代美學作品，在當天共同展出，並傳承給社區。

活動 2 農村劇場 憶起新城

新城劇團是由一群新城樂齡中心阿公阿婆所組成的，他們致力將新城社區故事流傳，經團隊邀請在活動當天以詼諧方式演出舊時製糖方式，從砍甘蔗到煮糖這些辛苦的流程，在短短幾分鐘呈現，讓遊客在短時間了解新城社區背景，為社區特色文化增添色彩。

活動 3 農村風光情境牆

鄰近農村劇場的情境牆，是團隊為來新城觀光的人群所設定的打卡牆，將舊時農村風光一色一筆記錄下來，在跟社區夥伴討論時，瞬間湧起的回憶讓長輩們笑語不斷，讓我們不經意也勾起嘴角，一起沉浸在那段屬於他們的風華。蔗香飄逸新城，歡迎來訪新城的朋友們「有閒來聊」，跟著我們暢遊新城。

活動 4 心城告白牆

告白牆源自日韓傳統將祝福願望繫於樹上，以求達成的禮俗，在香甜的蔗紙上寫下願望繫於牆上，並與後續產

業「甘蔗酒」甜蜜愛戀作連結，吸引消費者，讓情人們留下見證的痕跡。

活動 5　手抄蔗紙體驗活動

訪視日當天安排了ＤＩＹ的手抄蔗紙活動，讓來訪新城的朋友跟蔗群人一起體驗製紙樂趣，經過解說與示範，將這段時間團隊所學習到的經驗與大家分享交流，雖然體驗者要在事後才能拿到成品，待他們拿到時，會發現團隊所寄給他們的蔗紙不只是張單純的紙，它所包含的是與蔗群人、新城社區的聯結。

活動 6　食在新城：蔗酒試喝/黑糖麻糬試吃

與社區ＮＰＯ團體幹部討論後，社區提出未來研發蔗酒的計畫，而為了提早宣傳，蔗群人幫蔗酒設計了一些調酒樣式，希望之後可以幫助社區推廣此項目；配合產業現有黑糖製品的試吃活動，藉以行銷新城社區的相關產業。

Point 02 平面新聞報導

在社會設計的過程中，有幾個可為推廣的可能性：

1 搭配競賽

不論是政府單位舉辦、民間團體或者是公司行號的競賽，有競賽就會有相關配套活動，媒體報導、公關公司介入行銷等等，社區若可藉此搭上便車，對於社區的可見度往往大幅度提升，大專生農村洄游就是一個很好的媒介，像這樣相當有規模且持續進行的競賽，招攬的人力與資金可為社區短時間快速累積能量，增加其產業向上提升的能力。

2 政府單位推動

在投入社會設計的過程，我們發現真正能夠自己找資源的社區非常少，有很多社區甚至不知道如何參與、進入產業升級活化社區的門檻。其原因有二：怕麻煩以及資訊不普及。要知道社區居民往往安於日常生活，對於改變有基本性的排斥，不理解也不會撰寫計畫，政府補助進不來，人力短缺無法動員，即便政府單位努力推動，還是造成兩邊無法嫁接，各自為政的狀態，因此學校單位與NPO相關團體扮演了很重要的仲介角色，一旦社區開始走出去，發現原來有很多類似的社區也是一步一腳印，逐漸越來越蓬勃，也會開始產生信心，願意改變。

3 網路社群擴散

留在農村的人口組成，多為高齡，透過大專生農村洄游活動，帶動農村流動年輕化，善用年輕人熟知的網路媒體即時將團隊工作資訊傳遞，與其他團隊互相交流，配合當地特色舉辦相關活動與展覽，以達到社區曝光機會，讓更多人認識新城社區，並研發蔗渣相關產業，如蔗渣文創品、蔗製產品包裝

等，以其當作社區特色之一，在台灣眾多製糖社區中脫穎而出。

新城社區階段性的成功就包含了上述三個環節，使得訪視日的新聞曝光率激增，包含縣長、議員以及訪視委員的站台，讓大家知道有群人正在為台灣這塊土地默默的耕耘。

後記

洄游只是一個階段，訪視日及成果發表會結束後，則是社區的另一個開始，社區是否能夠成功延續洄游留下的成果，或者能站在其基礎上，擴張其他效應，則是長期留在農村中的成員應該深刻思考的問題。「持續」為其關鍵，短暫的計劃進駐就像是在打強心針，讓原本乾枯的血脈流動，而在地居民的共識，並願意持續接受新計畫與考驗，則像是營養針一般，必須長時間經營，才有可能越來越好、成長茁壯。

2015 駐村期間大事紀

日期	事項	日期	事項
05/10	初步訪查社區	07/24	客家劇場道具製作
05/13	社區里長訪談	07/25	參加新竹縣樂齡家族歌唱比賽
05/14	新城社區景點影片拍攝	07/28	參與社區耆老竹編課程（三）
05/26	新城風糖休閒園區訪談與拍攝	07/29	甘蔗手抄紙實驗成功
05/27	寶山燭園燭藝館訪談與拍攝	08/04	樂齡中心生命繪本製作（一） 蔗渣盆栽試做成功
07/01-07/03	與社區成員一同參與駐村研習共識營	08/07	樂齡中心生命繪本製作（二） 蔗紙錢包試做成功
07/06	開始駐村	08/11	樂齡中心生命繪本製作（三）
07/08	紅十字會金陣學堂訪談 拜訪新城風糖休閒園區取得甘蔗廢料	08/15	新城社區竹蔗工藝展場佈
07/08-07/20	甘蔗廢料各部位材料研究	08/16	新城社區竹蔗工藝展
07/09	紅十字會金鎮學堂環境整頓活動（一）	08/20	樂齡中心生命繪本製作（四）
07/10	蔗群人團隊正式與社區耆老見面	08/22	蔗紙帽子與斜背包試做成功
07/13	紅十字會金鎮學堂環境整頓活動（二）	08/26	蔗紙燈罩試做成功
07/14	甘蔗手抄紙試做	08/30	駐村結束
07/16	參與社區耆老竹編課程（一）	09/03-09/05	參與第五屆大專生洄游農村的成果發表會
07/18	參與社區耆老竹編課程（二）	09/15	參與新城社區感謝會
07/21	蔗渣盆栽試做	11/10	參與新城社區布置活動

Project

02.

悠哉永寧：串聯地方特色與生活的微旅行

DATA 關於永寧社區

台灣桃園楊梅，2018年開始與許多農村相似，永寧環山居民分散，像是社區其實山林面積佔了大部份，大型渡假中心帶來的大量民生廢水、休耕農地的除草劑、農藥汙染，人口老化、公共設施不足，就業機會少等問題，讓現在的永寧處於一種停滯不前的狀態。

既農村又社區

二次洄游的起始

第二次參與農村洄游已時隔三年，當時就職的系所也從產品設計轉戰到室內設計，帶領的學生組成不同，特質不同，思考能為社區所做的核心改變也不同。在這之前，室內設計系的學生從來沒有參加過這樣以社區為導向的競賽[1]，學生專注於空間專業訓練，實際進入社群的課程並不多見，而當時恰逢教育部開始推動ＵＳＲ大學社會責任實踐計畫[2]，鼓勵師生組成跨領域團隊，主動發掘在地需求，並透過在地優勢分工合作解決問題，帶動當地企業及社區文化的創新發展。

1 大專生農村洄游競賽參與系所以工業產品設計、商業設計系、景觀系、或其他跟社會學科系相關的系所為大宗，較少室內設計系學生參與。

2 University Social Responsibility, USR。教育部為強化大專校院與區域連結及合作，實踐大學社會責任，培育對在地發展能創造價值的大學生所推動的計畫。

基於上述，我藉由開設一門微型課程，企圖讓室內設計系的學生「接地氣」，在設計時尚精緻度與常民文化中間取得一個平衡點。當然，一開始也遇到相當多的問題。

首先的問題在於社區的選擇，農村洄游與一般的社區營造在於其〃定義〃[3]，所選擇駐村的目標社區需為參與過培根計畫[4]或農村再生之社區，換句話說，看起來有許多稻田之處並非就一定是農村，還必須符合政府所劃定之農村範圍，並參與過培根計畫擁有對農村再生基本知識者始符合資格；而我所就職的學校位於桃園區塊，期望駐村的場域能夠鄰近校區，一方面敦親睦鄰、一方面對於後續計畫延續與深耕，周邊社區更有優勢。於是在做了多方調查後，我們決定位於楊梅的永寧社區。

3 農村社區：指非都市土地既有一定規模集居聚落及其鄰近因整體發展需要而納入之區域，其範圍包括原住民族地區。

4 行政院農業委員會水土保持局為積極改進農業生產方式，創造農村經濟活力，促進農村社區再生所舉辦的計畫，計畫區域擬訂農村再生計畫前，應先接受農村再生培根計畫訓練規定，訓練社區在地人力，研提屬於社區自己的農村再生計畫，逐步實現社區未來發展的願景，呈現出社區自己的特色。

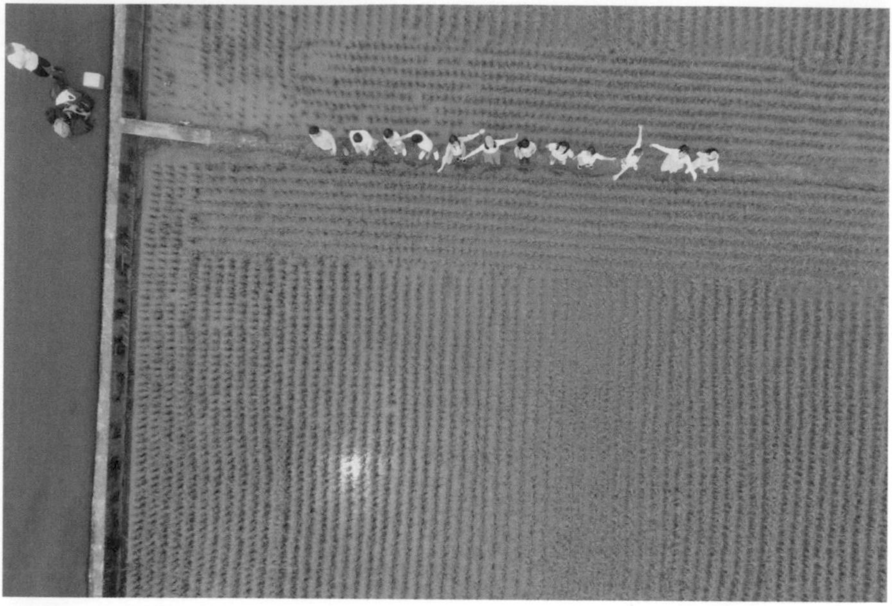

尋找社區問題切入關鍵要點

確定社區後，第一件事情就要走訪社區，與在地自然生態教育學會副會長，同時也是當地驛品香生態農園負責人的蕭理事長接洽後，成員著手進入社區調查。第一次到永寧社區探訪，當地的居民很熱情地歡迎我們，跟我們分享社區之前的產業和最近發展狀況。成員回憶：「透過理事長的簡報，對其改造社區的理想深受感動！其身為生態教育學會的一員，對於環境保育的堅持，與永寧土地的情感，讓我們找到切入永寧問題的第一把鑰匙。」

在通盤整理後，成員對於永寧社區的現有狀況點出幾個問題：1．缺乏社區凝聚力。位居坡地，居住群落分散，且各自自給自足，缺乏整體社區共識。2．年輕人口外移。人手不足導致政府鼓勵休耕，然後續二三代年輕人無法傳承農耕產業，惡性循環，原有產業沒落，年輕人轉而進入都市求職。3．交通不便、路況危險。社區居民結構高齡化，開車不便且山道危險，現有大眾運輸運輸量不足，出入不便，要引入外來客較為困難。

建立目標策略與尋找社區特色

然而回顧永寧社區的自然與人文條件，其實相當豐富，客家文化亦保留完整，加上政府最近所推動的浪漫台三線客家文化計畫，預計新增經員樹林、龍潭、大溪到永寧的公車路線可能性，永寧的發展可說相當可期，預計有三個策略目標：

1．強化社區凝聚力

美化社區活動中心，協助社區舉辦活動，邀請社區居民們參加，藉由活動與居民交流情感。

2．活化社區觀光

製作社區特色地圖並推廣至社群軟體，使社區居民能以社區為榮，強化社區認同感也活絡社區觀光。

3．推廣社區特色、客家文化

永寧社區富有自然資源、客家文化，藉由文史紀錄、結合當地特色之市集，邀請、和居民合作共同參與，更能保留及活化推廣永寧社區的獨特文化。

後記　室外教室

帶著室內設計系的孩子進入農村，把教學場域從室內拉到室外，永寧社區的真實性給學生紮實的上了一課，放下手機、耳機，張開雙手、打開耳朵用雙腳踏實的踩著土地，並與生活圈以外的不同年齡層溝通，是這一代學生所欠缺並需要積極建構的思想價值，如果這樣的磨練能帶給原本訴諸於菁英文化的設計系學生，點更彎腰、謙卑地面對民眾與在地價值的機會，那課堂外的辛苦真值得。

Plan 01 從社區與場所找出文化認同

Norberg Schulz[5] 提到必須將場所視為賦予人「一個存在的立足點，而場所的特色性會讓所在的人產生認同感」，也就是基地本身的區域文化認同，一個空間的建立不只是功能性的遮蔽所，而是一群特定時代的人共同理想的呈現，不僅利用土地，更反映當下的文化。因此，當外來者進入在地社區，其與場域所建構的連結，來自於兩方面：自然景觀所賦予的在地感、歷史敘事與當地人物所帶來的情緒感動。永寧也是。

Point 01 自然場所挖掘社區獨特個性

桃園市楊梅區的永寧社區，是現今最大的客家族群之一，擁有獨厚的自然景觀及奔放浪漫的的客家文化而聞名。社區位於楊梅區東南方，面積6平方公里，鄰近台鐵楊梅站位於楊梅區的交通密集區。其地市位於平地與丘陵的交界過度之地，早年易引水之處之廣植水稻、蔬菜，不易引水之處則種植茶、甘藷。2000年後面臨貿易全球化之餘波，永寧不得不向大量輸台的外國農產品低頭，加上政府亦鼓勵休耕，使得曾經盛極一時的農村風華不再，而近年永寧致力發展苦茶樹種植，除了因應勞力外移的問題外，苦茶油產值最高、營養豐富，讓它在一波波食安風暴後仍昂然挺立，苦茶亦可以做成調酒也能入料理，性質純樸，不爭奇鬥豔的特性，也是永寧的個性。

保甲古道

山中的保甲古道可以眺望整個社區。因為地理位置的關係，有著原有的梯田景觀地形，資源豐富，且生態環境優美，有「楊梅後花園」之稱。永寧保有純樸的客家村落，有許多老樹、老宅、老伯公等等，流傳著特有的客家風情，值得推廣出去，讓更多人了解傳統的客家文化、與客家生活。

5 Norberg Schulz 諾伯舒茲所著之場所精神，為當前現象學之重要論述，施植明著有中議本。文中對於“地方”與“空間”的界定，認為涵蓋了自然與人文所融合的場域才具備真正的精神意涵。

老樟樹

每個場所，都會有一棵具有歷史意義的老樹，760年的老樟樹，已列為桃園縣NO.78的珍貴樹，樹高12公尺，樹圍6.7公尺，是桃園區最老的一棵樟樹。

觀光茶園

永寧社區座坐落於丘陵與平地交接過渡之地，有著適合茶生長的地理位置，社區一半以上的土地處於山坡地。清代及日據時期盛產茶葉，品質優良大量外銷日本，以往1斤茶葉比1斤稻米價格為高，茶商收入豐裕，消費大方，有許多攤販進駐，此區有5大製茶廠，因漸漸形成小市集，熱鬧非凡，朱家茶工廠附近一時被稱為「小楊梅」，因是山坡谷地也稱「小楊梅壢」，但現此地已沒落風華不再。

Point 02 分析人文場所找尋社區結構特點

永寧的開發歷史源自清高宗乾隆年間，舊名「老坑」，原為平埔族原住民的聚落，因大樹蒼天，自然田野風光居住者多長壽，故美其名「老人坑」（客家話：·ㄌㄡ ㄊㄤˋ），後廣東福建移民大量來台開墾，因平原肥沃地早被佔據，來自廣東嘉應州的客家移民，自新屋海口沿著社子溪一路往內陸發展，刻苦耐勞選擇從楊梅方向入墾，黃姓家族率先佔地，再承租後來者開墾，所以有「千頃地」之稱號，次為李、張、蕭鄭氏等家族，與當地平埔族相處融洽，政府播遷來台後取名叫永寧新村，希望永遠安寧，就是永寧里的前身。

本區人口組成85%說客家話，15%（外來人口）說其他語言，以中山高速公路劃分，西北邊為社區形態，約1/3土地，隸屬都市計畫區，靠近市中心校前路和環中東路，為人口密集區。東南邊為鄉村型態，屬丘陵地和谷地約占地2/3，以農業生產為主，屬山坡地保育區，居民多居住傳統三合院古厝或加強磚造房，人口僅佔全區之1/3。

江夏堂

楊梅「江夏堂」為傳統客家建築，係為為黃家來臺祖先所建造，在楊梅鎮上屹立百年，代表楊梅地區黃姓家族開拓楊梅的歷史見證。建築呈現地域特色，採用黃家自家磚窯廠燒製之紅磚，因為自己燒就，其色澤材質不同於一般磚材，其次為工藝作法，包含了石雕斗拱及木結構橫梁雕飾，為現存數量最多、保存最完整的客家祖屋。

驛品香生態農場

提供永寧社區生態復育及教育推廣，負責人為這次主要協助推動農村洄游計畫的在地推動者蕭理事長，理事長本身為自然生態教育學會副會長，對永寧有著濃厚的情感與熱忱，因此驛品香生態農場就成為本次洄游的重要基地。農場內養育各種動植物，提供簡易餐點飲料，周邊山道景觀可為輕旅行景點，場地內設有營區，假日時民眾可預訂營地享受野營樂趣。

總結

一如其名永寧社區，對我們來說卻是過於安寧，透過盤點其自然與人文條件，發現其文化與觀光資產是可能發展機會，客家古厝文化、自然生態資源、加上周邊規劃大型高爾夫球場與度假中心，引進年輕人回鄉；規劃一日遊輕旅行以及市集活動是增加該區域活水最好的策略，當年輕人口轉回農村，則進一步改善在地茶產業、發展苦茶美食與文創商品，居民看得見其改變，凝聚信念指日可待。

Plan 02 等一個人候車亭推動社區再生

「等一個人候車亭」有著一段悲傷但勇敢的故事。

實際進入永寧社區的那個暑假，原本說好要駐村的團隊成員出現一些狀況，導致最後僅剩一名駐村成員，主辦競賽的水保局評估後，認為團隊千辛萬苦才拿下全國前20名的駐村基金，放棄參賽相當可惜，因此鼓勵我們招募新成員。

唯一留下的隊長是一名柔弱的女學生，擁有堅定的意志但著實需要可靠的人手協助，時間緊迫要找到可行；且有意願的人手相當不容易，整個暑假前期，我帶著她一邊著手駐村的前置作業，一邊徵求各方新血，終於成軍。成員出乎意料的有意思：涵蓋了外國成員以及剛好暑假從學校返鄉的在地學子，這樣的團隊組成於我其實更加具有在地意涵，新加入的在地青年是驛品香蕭理事長的女兒，原本對於家鄉並無太多情感的她，因為透過這次駐村更加深她對土地血脈相容的臍帶關係，而來自

等一個人候車亭原貌

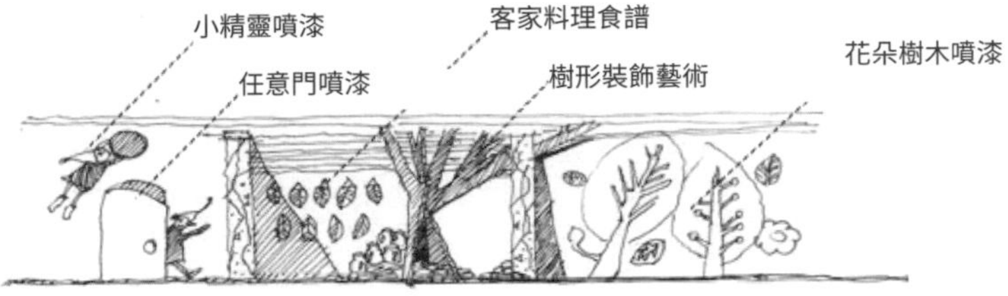

▲ 設計草圖

▲ 噴漆塗鴉設計

候車亭改造示意圖

聖露西亞的外籍學生則展現了無國界；橫跨語言障礙依然可以共榮共存的人性本質。

田野調查探索社區的運動風氣

永寧社區雖然是培根計畫的一員，但實際對農村再生進行推動的力量相當有限，可說是剛起步，我們希望透過這次駐村，啟動它的能量並凝聚共識。從田野調查中了解到永寧社區居民運動風氣盛行，村內山道假日皆為自行車車隊愛好路線，但中途的休憩交流空間卻很缺乏，進而導致居民間交流互動較不頻繁，而有了以候車亭為開端的想法。候車亭的選址為原先的公車站旁的小屋，破落髒亂，乏人問津，公車亭的本質即為「等待」，等待團員加入的我們也在「等待」，社區想透過這次洄游擾動居民、產生互動也是一種「等待」，「等待」成為這次社區設計的主軸概念，在此對等待的定義並非孤單與被動，相反地是一種涵蓋希望與正面的思維，一個佇立於山中；詩意且溫暖的「等一個人候車亭」。

5階段步驟打造半室內候車亭

對於室內設計系的學生來說，執行一個半室內空間的候車亭恰得其所，過程共分5階段：

1.設計建模：設計核心為歡樂且溫暖的山中候車亭，因此以永寧社區最老大樟樹為意向，裝置木作大樹於屋內外，樹根延伸頂棚掛置幸運松果，樹根延伸為座椅，室內繪製擺放有關永寧社區的相關資訊，讓往來等候公車以及運動山客可以休憩、駐足、更了解永寧。

2.清掃拆除：現勘後發現既有空間髒亂，堆置舊家具且雜草淤泥叢生，因此第一步就是進行環境整理，過程中往來的當地居民有的給予加油打氣，有的甚至一同協助，雖然只是一小步，但我們這樣的舉動，確實讓一小部分居民開始產生認同。

3.屋頂鋼架：現有的屋頂破爛，已無法發揮遮風擋雨功效，必須將現有頂棚表皮拆除，留下舊鋼架，再重新鋪上新頂棚。然而舊有鋼架生鏽腐蝕，處理過程複雜，首先用鐵鎚敲去大塊鐵鏽，再拿砂紙和鋼刷打磨，最後再上防鏽漆。社區理事長考量學生成員

過往較無這樣的實作經驗，加上高度較高具有危險性，協商有經驗的居民來此協助，大家同心協力，現場彷如國際村，客語、英語、國語交雜，原本的陌生在映著陽光曬黑的笑容中，讓彼此變成莫逆。

4.打磨上漆：完成屋頂防鏽工程後，就是整體空間的上漆，上漆前部分鏽蝕粗糙面，都需要預先打磨才可以使漆面平整。居民提供了相關設備、油漆大家一同刷漆，成員說到：「施工過程受到很多人的幫助，深深感受到永寧的人情味，素昧平生的陌生人卻願意幫我們準備茶水、拍照、加油打氣，真的很感動。」

5.裝置藝術：候車亭最重要的的〝老樟樹意象〞裝置終於要開始架設。樹形預先在工廠CNC切割完成後，運送至現場組裝，採十字卡接結構，與下方休憩座椅一同整合。由於現場地面不平整，有許多問題需要臨時解決，理事長、里長、里長太太都親自下陣跟著我們鋸木頭、鎖螺絲、現場微調尺寸，對於室內設計系的學生來說，這種工地的臨時應變相當重要，成員認知到：「看起來簡單的裝置，實際施工時，需要考量的專業相當多，除了計算坡度、調整地坪之外，像是椅子尺寸與牆

面間距等人體工學都是很實際面的專業問題。」

後記　等兩個人晚餐

等一個人候車亭是一個深具感謝的故事。訪視日當天來了很多居民，當地議員、里長、相關NPO團體幹部，當然也有水保局的訪視委員，大家一同在候車亭桁架上繫上祝福，漫步永寧，最後一起在驛品香共享客家晚餐。江夏堂、老樟樹、苦茶樹、茶園、苦茶油樹、土地公廟（伯公），這些由團隊製作的永寧風景明信片上寫著滿滿的祝福，原先面臨解散的團隊因為少數人的堅持與在地居民的支持，完成了階段性使命，候車亭的完成書寫了一個從「散」到「聚」的故事，一個人的開始，一群人的結束。

悠 哉
油 摘

悠哉油摘

Plan —03— 長程規劃，讓農村洄游延續

對於農村而言，大部分的農村再生與社區營造，多屬於形式以及外部環境的整頓，較少深入核心針對新創產業；亦即後續的經營模式做深入分析，甚而建構一可永續經營的產業模式。

3步驟操作擬定發展策略

因此在初步走訪社區，尋找問題之後，必須建立一個可為社區設計（農村）的操作策略，以永寧為例共分三個步驟（如下圖）。步驟一：田野調查。步驟二：案例環境分析。步驟三：發展策略。步驟一主要是希望透過田野調查已達近身觀察社區，與居民互動與訪談產生連結，透過了解產業與最近的發展近況及景點，以方便發現及改善永寧社區根本問題。步驟二則是尋找國內外以往之文獻案例作為本研究評估對象，透過資料歸納並整合分析來探討出永寧社區未來可實行之發展要點。步驟三是綜合田野調查

之問題結果及案例分析之成功要點，進而擬定出未來可行之發展策略。

長程規劃策略

以水保局推動農村再生的各個社區來說，永寧社區是一個宛如新生兒的開始，與新城社區有很大的不同。新城社區對於農村再生有一定的共識、在地資源支持投入，擁有高度能量，已經發展成較成熟的現代農村型態，而永寧社區則還在凝聚共識，尋找共同目標，彼此信賴認同中，因此候車亭只是一個開端，後續要做的長程規劃還很多。

(a) 參與式實作研究
(b) 永寧社區居民訪談

田野調查研究分析

(a) 文創商品分析
(b) 創意市集分析
(C) 農村旅遊分析

案例環境分析

(a) 設計實驗
(b) 實作策劃

實作策略

策略 1. yo legend 永傳奇／宣揚客家文化

永寧社區內現存不少文化史蹟，如宗祠、廟宇、古道及古樹，而背後的故事亦相當引人入勝，故成員未來想為社區規劃一文史資料館，初步選址進行中，預計將本地豐富的歷史資源整理歸檔，如社區達人、木匠達人、二胡達人，以及當地居民的客家文化等等。讓遊客們也能了解永寧的早期風華及轉型過程，跳脫傳統農村形象。

策略 2. yoyo route 悠遊路／來趟輕旅行吧

永寧社區保存傳統客家住宅、生態資源豐富、沿途風景美不勝收，透過實地訪查與和居民互動，挑出旅遊景點包括江夏堂、保甲古道、老樟樹及觀光茶園等地，以認識客家及永寧的茶為主軸制定一套路線，首先以「等一個人候車亭」作為故事行銷推廣，推出悠遊路旅遊地圖，讓旅人有在永寧社區可駐留之停頓點。此階段藉由景點的增加進一步透過路線規劃來串聯不同之在地特點，儼然成為網狀甚至是區域面的旅遊特區。此外選出三個最佳攝影點（老樟樹、保甲古道、秀才步道）設置

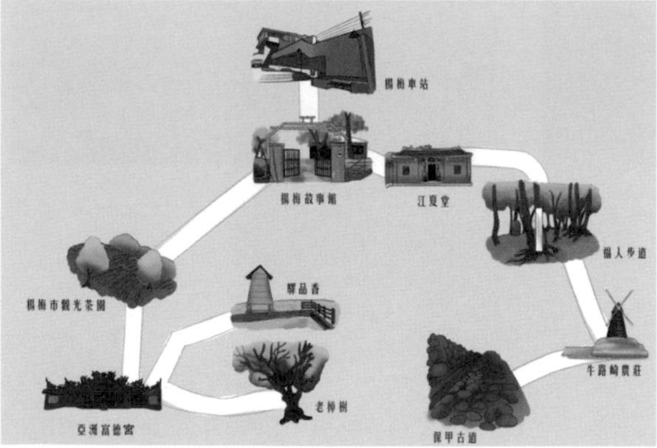

戶外畫框，以配合年輕族群打卡拍照特性，增加互動使用者性。

策略3：yojai fair 悠哉市集／手工茶染商品／苦茶結合文創料理

市集往往能體現一個地區的文化，走進其中即能感受到多元型態之氛圍以及此地域所散發出的生命力。透過「市集」的型態與「創意」的概念結合在一起，便是在一個場域裡進行與「創意」有關的交易與服務。以永寧里為例，茶樹茶園為主的產業，極待復甦，因此首要即為相關文創商品之開發如下：

文創商品

❶ 苦茶油的特色包裝

五公斤的苦茶籽僅可壓榨出一公斤的苦茶油，屬於高成本的商品，期望透過設計包裝提升其商業價值。

❷ 茶渣

廢棄的茶渣透過材料實驗開發成環保商品如：環保杯墊。

❸ 茶染

茶染呈現古樸且不爭奇鬥艷的特色：如書衣、杯套及提袋。（見本章P103頁）

文化美食

❶ 茶調酒

「茶酒」顧名思義就是以茶入酒，目前台灣已經有多種茶葉如四季春、金萱、烏龍皆可入酒，永寧以紅茶為主，可為其特色。

❷ 苦茶油料理

食安風暴後，國人對食用油品質日趨謹慎，健康好油觀念盛行，除可單吃，亦可拌食麵線。

總結

就社會設計的定義來說，只要是為民眾為出發點，以設計的手段來達成，都可稱之為社會設計，對設計團隊來說，農村洄游只是一個進入社區的媒介，真正要執行的內容，還是「設計」。首先要幫社區解決問題，更期望能得到居民的認同並融入社區，成為社區的一份子。再來，與社區共同籌組團體，規劃農村旅遊，透過體驗農村及在地文化特色，進而增加人潮的流動並帶動當地活力。後續，發展苦茶文創商品，不僅提升苦茶產業之附加價值，增加居民耕種意願，活化休耕土地，也達到推廣宣傳農村之效益。最後，建立市集，由已開發之文創商品為基礎，發展商品觀光市集、教學課程、ＤＩＹ體驗、觀光市集，增加就業機會之文創產業，提升農村整體經濟，留住青年人口；以期望透過文創市集與農村旅遊讓該地區在政府或學術單位退場後，能夠持續復甦運行。

茶染實驗商品

Chapter 3

小小的人物
老地方新靈魂

大隱隱於市，達人技藝的傳承需要年輕新血的挹注，以師生共創結合台灣在地工藝家，開發出具當代設計思潮及區域特色之創新工藝設計產品。

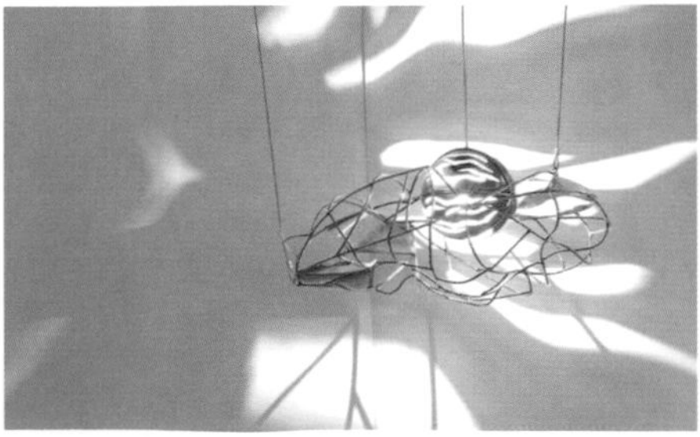

被遺忘的木雕技藝◆沈培澤的木雕

認識木頭

在計畫開始之前，我對工藝一竅不通。

當時系所剛成立，一來需要知名度，二來學生需要有參加競賽的衝勁，在評估過學生特質以及系所發展的諸多可能，當時的一位產品設計好友告訴了我這個訊息，「南投草屯工藝中心」在推動以工藝納入產品設計思維，稱之為「工藝新趣」（表3-1），徵選成功會提供獎金以及實習工作坊，讓沒有經驗的學生也可以透過這個計畫案進入工藝的領域，唯一必須是要自己找配合的工藝家，並提出設計提案，只要透過評選入圍即可參加。

抱著姑且一試的心態，雖然知道這是所有產品設計系所都

表 3-1「工藝新趣」新工藝人才入籍活動執行進度一覽表

		執行事項明	審查會議	企劃書資料提交
2014	5月	執行事項明	審查會議	企劃書資料提交
	7月7日	申請報名	第一次草圖修正記錄	
	7月25日~9月14日	正取通過入選訂定契約		
	8月20日~8月22日	工藝家工坊研習課程50小時	第二次草圖修正記錄	
	9月15日	工藝新趣設計營		
	10月18日			第二階段企畫書繳交
2015	1月-迄今	作品實作執行及修正		
	1月17日		精模審查	
	3月6日	作品最後修正		
	3月31日	作品繳件		企劃結案報告書繳交

會競爭的比賽，也知道自己並非產品設計背景，在課程資源不足的狀況要帶領這群毛孩子贏得比賽，想想都覺得異想天開。不過，想到通過計畫所獲得的獎金，可以解決學生做畢業製作資金短缺的問題，我們只能更認真。

三義木雕村

木雕在「工藝新趣」競賽中是很少團隊願意碰觸的材料，主要是木雕的技法以及型態要融入現代產品的簡約設計思維，本身就是一種矛盾，恐怕也只有我們這種初出茅廬的團隊才願意嘗試。因為一切都是開始，木雕藝術家：沈培澤老師[1]，也是我毛遂自薦，親自打電話詢問才邀請來的；在認識沈老師之前，三義木雕村對我們來說只是高速公路休息站的一個中繼點，對於台灣木雕原來在世界占有重要地位一無所知，有意思的是團隊成員中有位學生本身是三義人，但即便住在三義，對木雕工藝的認識也是很表層；甚至無感，這次青年返鄉對她意義重大，「我從來沒有這麼深入的認識家鄉！！」她說。

實際進入三義，才發現這樣一個座落在坡地的村莊，有80％的產業都靠木雕維生，其自然資源固然豐富，但珍貴卻沒落的產業才是這個社區急需振興的焦點，根據過往資料和田野分析所對於木雕研究的分析與考察，發現木雕產業的衰弱，不論是大小木作的區別、跟消費者市場的需求、國際市場的變動、生產鏈自動化等皆有很大的關聯，不過最重要的還是「人」，年輕人對於傳統工藝不願學習，認識不全，對傳統價值的屏棄造成了木雕工藝跟老化、宗教佛像劃上等號，誤解了木雕也可以年輕化的可能性，加上技術本身有門檻，願意靜下心好好學習的學子少之又少，因此當我們進入社區時，這五個年輕的木雕小尖兵，確實為此注入了一些活力。

木雕再生

針對木雕產業的現代化可以有兩個階段討論：其一是維持傳統工藝技法，然在型態與美感造型上走向現代化，對於木雕產業的振興與復甦，人才培育、技藝提升、建立產業組織協會及專業職業學校提供完整的課程，讓年輕人與國民願意學習，都是可以列為參考的執行方向。然而，這還只是將木雕產品放在原屬於勞力密集、特殊型態且無法大量生產的基礎上來變革，並無法適切的將木雕工業轉型，使其成為具備時代性的產品，因此，第二階段的現代化，就應該朝向產品本身的功能、製成，甚至材料上進行修正，將存在於文化產業的「跨域」觀念再造於實質的生產行動中，換句話說，如何將木雕文化特有的設計規範應用於現代產品之中，讓大眾得以用現代人的角度與價值觀重新認識台灣特有的木雕文化，是當前木雕現代化，或說產品化的重要關鍵。

50小時的訓練

1 沈培澤，台灣木雕藝術家，新竹人，現居於台灣苗栗縣三義鄉。1997 年第五十一屆全省美展入選、2004 年全國木雕創作比賽第二名、2012 年榮獲中國、黑龍江省授證「大師榮譽證書」、2014 年法國羅浮宮 carrousel 卡洛斯廳巴黎東西方國際藝術展、2009 年日本 NGO 亞細亞藝術聯盟邀請展於日本京都美術館「2009 探索台灣之美」。

很幸運的這個五人小組團隊的提案，獲得了工藝中心的徵選資格，本次提案著重在回應當前環境保育、木材短缺的議題，而並非取勝於技法，對於傳統工藝現代化或說產品化的重要門檻之一，就是“簡化”。首先必須讓年輕學子願意學習而不會感到嚴重挫折感，再來必須生活化，所做作品不應束之高閣，在作法上必須將藝術品以及產品區隔，理解是以傳統工藝作法創作產品而非藝術品，因此這次提案包含了五個創作品：皆以木雕方式，採部分鏤空，所雕的不是山水本身，而是自然環境透過光線所篩漏下的光影：Product1（聽木）－個人音響、Product2（靜謐時空）－情境燈飾、Product3（老揹少）－雜誌櫃、Product4（食：Shadow of shadow）-個人留飯盒、Product5（一起童年）－半戶外搖椅，共有五件如下表3-2。

木雕博物館見習

在正式學習雕刻之前，對於木雕工藝必須有全盤的

表 3-2. 木雕產品創作研發（系列作品共五件）

名稱	用途	尺寸（cm）	材質	技法	企劃書資料提交
Project 1	聽木	情境音響	28*22*15	回收木（廢樹根）、金屬（鋁）	透雕
Project 2	靜謐時空	照明燈具、紓壓	40*40*35	木頭、黃銅	透雕、拼接
Project 3	老揹少	書櫃 / 雜誌櫃	12*30*40	木頭、不鏽鋼	透雕、不鏽鋼彎管
Project 4	食：shadow of the shadow	留飯（食）盒、掛飾	20*28*8	木頭、PVC 塑料	透雕
Project 5	憶起。童年	搖椅	85*60*50	回收木（畸零木材）、夾板	透雕、接榫

認識，三義的木雕博物館就是一個很重要的見習場域，每個月皆有展覽在博物館內更新，幾個木雕常見議題如下：1.永續。樹木砍伐一直是環境保育很重要的議題，原木價錢高難取得，新的創作者開始使用回收木料，再利用或是與其他材質相結合，展現了木材質創作中更為多元豐富的面貌。2.形態。承接了西方雕塑的悠久傳統，木雕跳脫傳統神佛語彙，在尺度上以及立體造型上廣納西方米開朗基羅、羅丹的雕塑技法，展現當代性。3.複合材質。結合多元材料拼接，蒐集被遺棄台灣老家具，並透過解構手法，修復、改造、轉化與空間整合，重新賦予新生命。

一把好刀

提案必須包含五件作品詳細尺寸規劃，以及未來成品效果圖，獲得入籍資格後，首先就是要與工藝家開始50小時的密集訓練，這段住在三義的過程，讓成員與工藝家、三義居民都建構了無法忘懷的連結。成員之一提到第一次雕選雕刻刀時，工藝家對其細膩的描述：「每個學習木雕的學徒，第一個課題就是如何挑選屬於自己的刀，開鋒、保養、光磨刀就要學三個

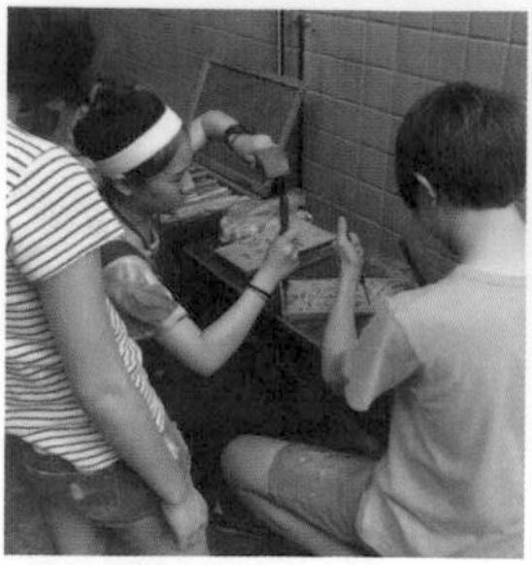
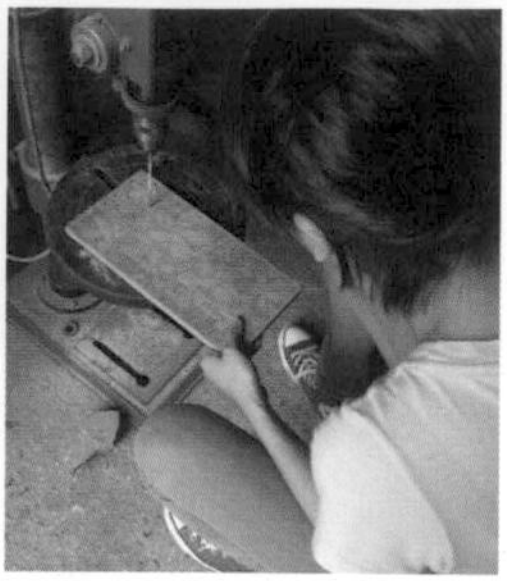

月。保護刀具要像照顧新生兒那樣般愛護，它是技師跟木頭溝通的唯一媒介。」

由於木材是不均質的生物性材料，相較其他工藝材料較難以控制，因此在操作刀具與木頭關係時，要順著木紋刻，比較省力，木頭也比較不會崩裂，尤其是在作精細雕刻的時候，木頭要不停的轉移方向，手要跟身體借力，類似打太極的概念，過程中要非常細心，並全神貫注地適應木頭。

生手雕刻

木雕有許多特殊的雕刻原理，像是巧雕：根據木頭原形，發揮巧思局部雕刻，讓木頭本身造型與雕刻師手工雕飾相互暉映成趣。像是透雕：雕刻貫穿木頭，呈現局部鏤空，展現光影效果。根據設計概念，提案五件作品主要技法都在透雕，而透雕的主要技法及原理為：「鋪面固邊、鏤空均勻、內枝外葉、串枝牢靠」流程開始於尺寸丈量、分線、鑽孔切割鏤空部份，首先將所需木料大致大小以大型鋸枱或者是手動電鋸裁切下後，進入小範圍雕刻，使用工具主要為線鋸機，線鋸機的踩踏速度依靠技師的手腳協調，腳控制快慢、手控制切割圖案，類似縫紉機原理，慢了刀具不夠鋒利，切割不夠流程圓滑，快了手跟不上，容易割壞。最後，需要微調整或者依據作品不同需要局部雕刻之處，會再利用不同尺寸、鑽頭的雕刻刀，手工或者以空壓機接鑽頭做局部細雕。

鏤影弄木

回到最原始的手作木頭質感
以虛實篩弄自然
花影浮動、繽紛成蔭
老物新用、節能永續
藉由傳統木雕精神結合現代生活用品

從一開始對木雕僅於粗淺的認知，一直到逐漸熟悉甚至愛上了這樣樸實具有重量的自然器物，這五件作品雖不完美，卻開啟了對於木雕以及三義這個地區深刻的情感，後來沈老師變成了我們木頭專業的顧問，在三義趴趴走的日子，在與不同工藝師對話的過程中，我們明瞭到從木雕產業當前的困境來說，木雕產業要蓬勃首要改變民眾對於木雕的價值感，再來是市場行銷推廣，而針對上述想要改變現狀，最重要的部分在於兩種技術，其一為工藝家的技法突破，再來為新科技的介入，其次才是材料的引進以及人才的培育。工藝新趣帶領年輕團隊進入地方產業，對於人才、對於價值感甚至進一步對於市場行銷，都具正面幫助，幫傳統在地工藝引入活水，成為改變目前木雕困境的發展重點。

Product 01 聽木

❶ 作品名稱：聽木

❷ 設計理念：音樂有無視時間與空間的優點，所以藉由情境音響為介質，舒緩都市生活的壓力，並傳遞情感與親近自然，所以以木頭做為基底、金屬為輔，在音樂播放同時也是飾品、收藏品，最終目的是讓都市生活中的人們，重新感受到大自然的呼喚與本質。

❸ 執行方法：（1）磨刀與鋸木（2）粗胚雕塑（3）粗磨成型（4）精細雕塑及挖槽（5）木雕部分成形（6）金屬翻模（7）金屬部分好後，喇叭線路的組裝。

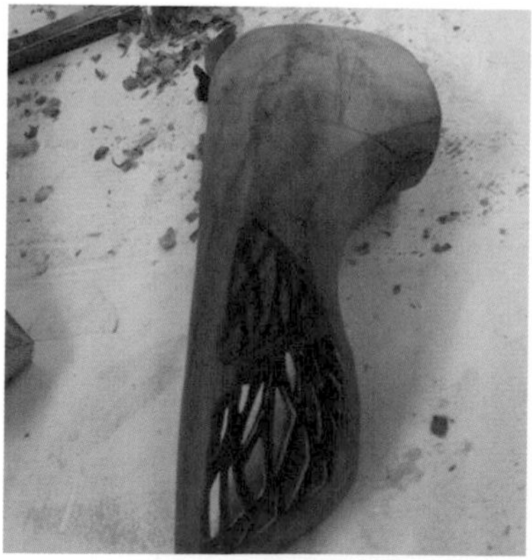

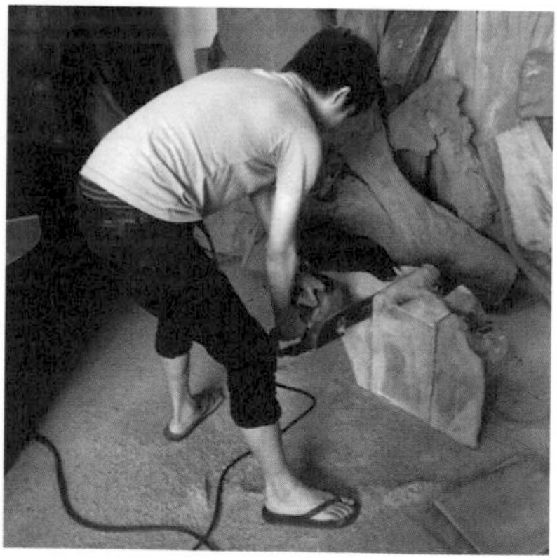

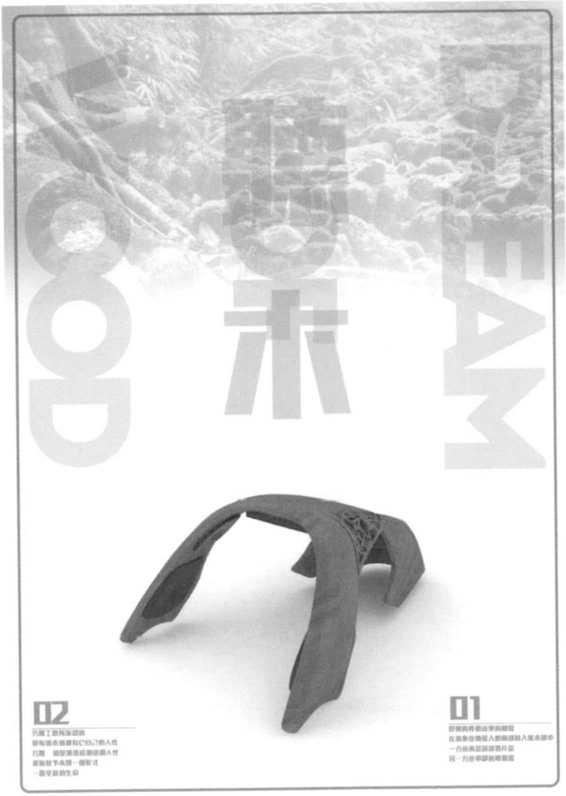
WOOD
DREAM
木
01
02

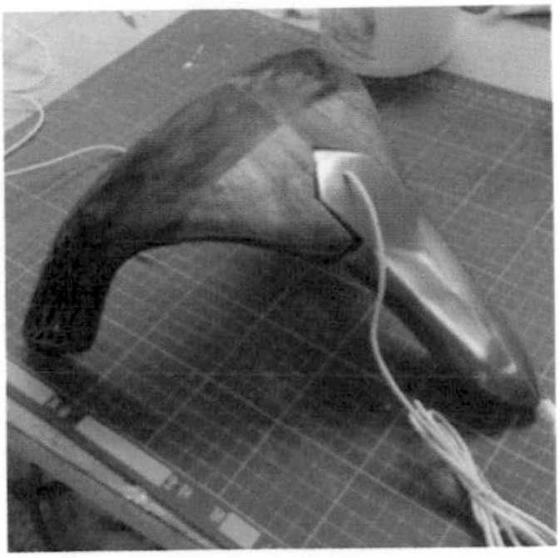

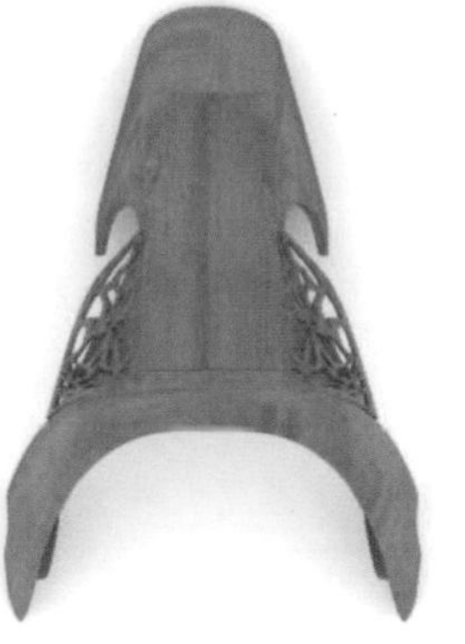

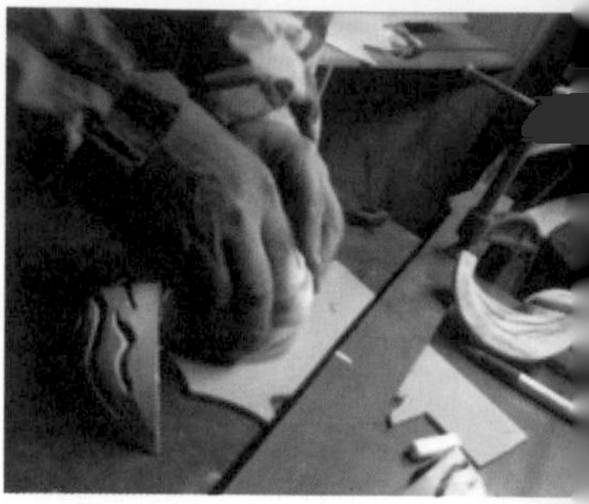

Product 02 靜謐時空

❶ 作品名稱：靜謐時空

❷ 設計理念：以木頭結合金屬材質，以宇宙混沌現象以及碎形的幾何曲面變化，突破木質不易彎曲的既有形象，並於木質表面雕以水波紋飾，當燈光透過木燈上的雕紋投射出來的水影，能配合舒適的居家環境，展現光與影的多變。形式方面，以吊燈式工藝燈具的形式呈現，自然圓潤的曲線構成作品。功能方面，此為吊燈，將自然的光影帶入空間裡。

❸ 金屬執行方法：（1）利用草模當作基底（2）將新的黃銅條彎成相對應的弧度，用鐵絲固定（3）其餘的銅條編號（4）焊接過程（5）焊接完成品（6）金屬翻模（7）金屬部分好後，喇叭線路的組裝。

❹ 木頭執行方法：（1）將木球分成五塊製作，用線鋸鋸出水波紋路（2）黃銅要鑲嵌的地方，用機器洗出一條溝（3）將木球分成 3:2 部分，用瞬間膠將其固定（4）將木球表面磨細（5）用雕刻刀加深水波紋的層次（6）預留燈具所需的空間。

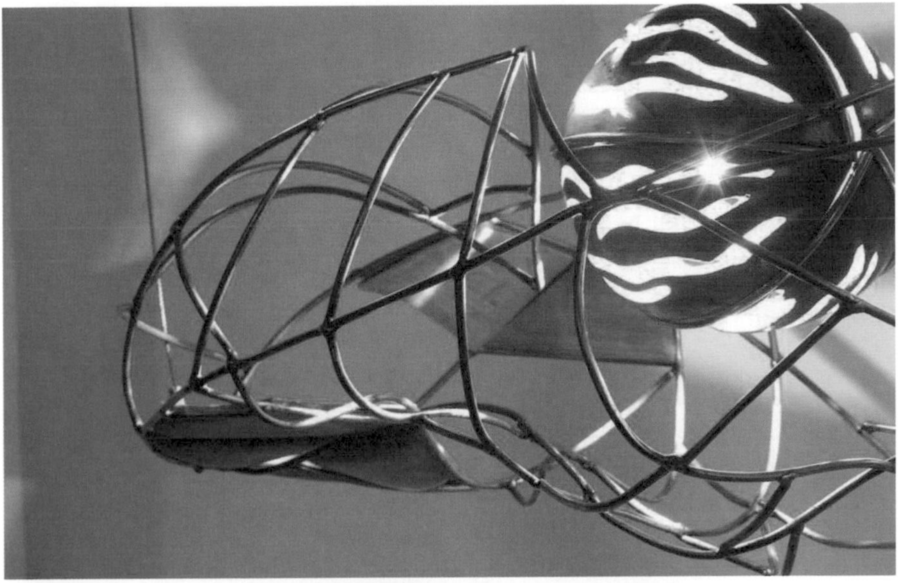

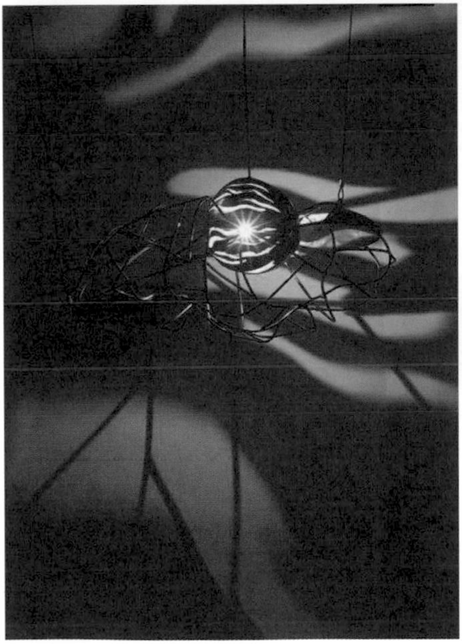

Product 03 老揹少

❶ 作品名稱：老揹少

❷ 設計理念：用即將汰換的老舊木櫃重新排列組合，以傳統技藝老揹少為架構，與不鏽鋼構結合。老揹少為一傳統表演技藝，老人與年輕人如同作品中的老舊木櫃和新的不鏽鋼構，以此傳統技藝為作品架構，讓作品增添新的趣味性。形式方面，以老揹少的型態為主要結構，呈現新舊老少對比。功能方面，此為書櫃／雜誌櫃，依個人喜好亦可放置其他物品，如：盆栽植物，木雕中透雕部分讓光影自然灑落。

❸ 木雕執行方法：（1）找到舊木抽屜（2）執行雕刻（3）打洞（4）線鋸（5）執行透雕上漆

不鏽鋼執行方法：（1）不鏽鋼管裁切（2）焊接（3）不鏽鋼電解（4）將木抽屜固定在不鏽鋼架上。

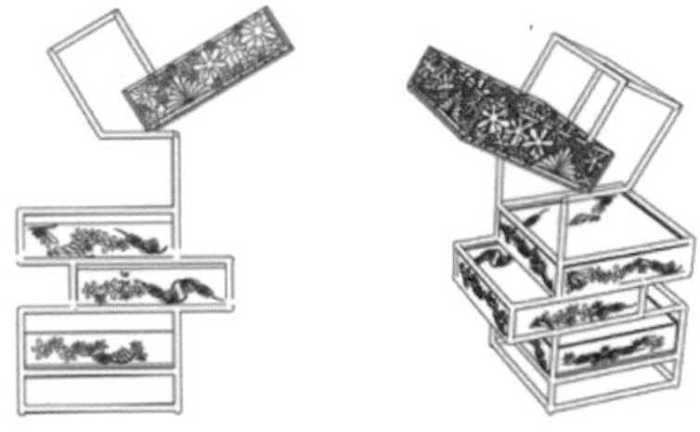

ROLAND
BARTHES
EMPIRE OF SIGNS
Kevin Lynch
THE
IMAGE
OF
THE
CITY
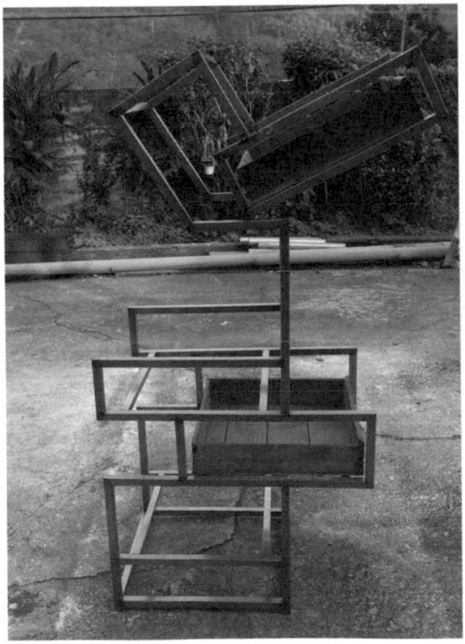

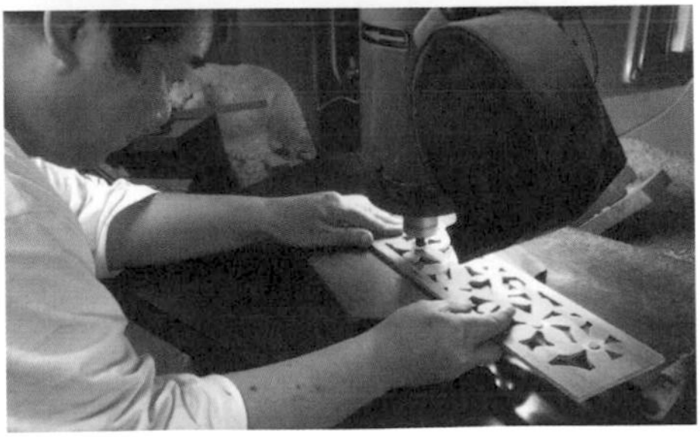

Product 04 shadow of the shadow：食

❶ 作品名稱：shadow of the shadow：食

❷ 設計理念：都會地區加班現象逐漸興盛，設計一個家人為了這些上班族們留下飯菜的留飯盒，留飯盒的設計採用古時食盒與花窗的結合，食盒為古時傳遞食物、禮物之器具；窗花象徵團聚，這象徵家庭凝聚力可以為加班族們打氣，而窗花設計可以在留飯盒使用完清洗、曬起的動作，在掛起來之後就好像一個個小窗戶吊在窗戶上或牆上。

❸ 執行方法：（1）丈量、裁切（2）切圖、線鋸（3）炮製、細節處理（4）膠和、上漆。

食
SHADOW
OF THE

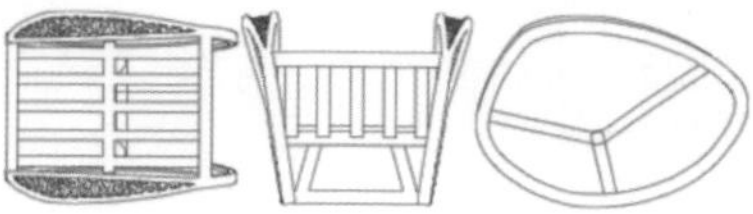

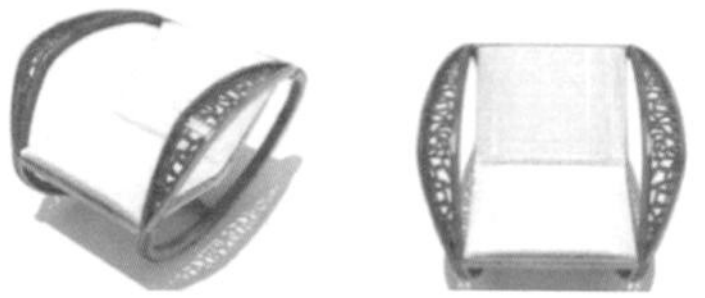

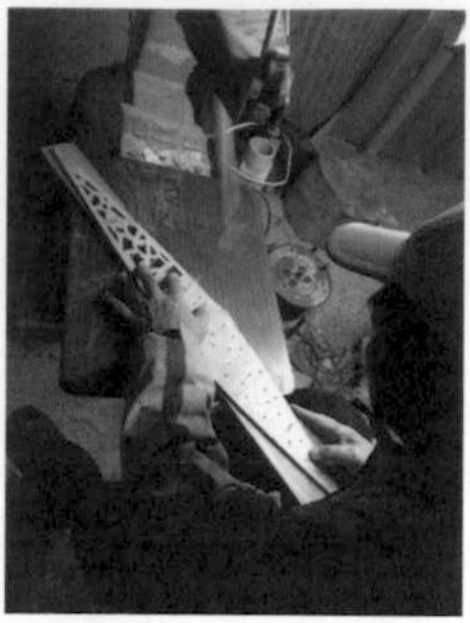

Product 05 憶起・童年

❶ 作品名稱：憶起・童年

❷ 設計理念：憶起兒時，鄉下的外婆家旁有一棵年紀很大、長的粗壯的榕樹，爸爸靈機一動就用手邊簡單的材料做了一個鞦韆給我，坐在鞦韆上輕輕地搖著，那閃閃發光的光影、灑落在身上及地上隨風婆娑起舞的樹影，那景象是我兒時獨特的回憶。形式方面，希望以搖椅的方式讓使用者在使用時能夠憶起童年那段嘻笑玩樂、放鬆的美好日子。功能方面。此為椅子，木雕部分使椅子在搖動時能因光源不同產生不同的光影變化。

❸ 木頭執行方法：（1）模型打樣（2）刨刀刨去不平面（3）裁切多餘區塊（4）椅身製作（5）木雕鏤空（6）磨製、補土（7）噴漆處理。

❹ 椅墊執行方法：（1）討論大小與製程方式（2）確認尺寸、布料泡綿打版（3）縫製。

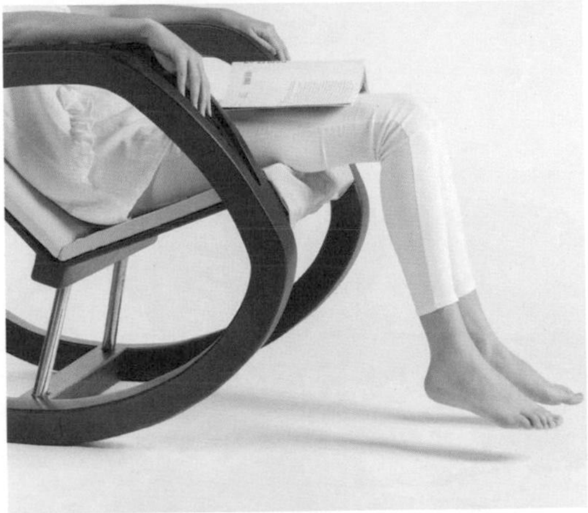

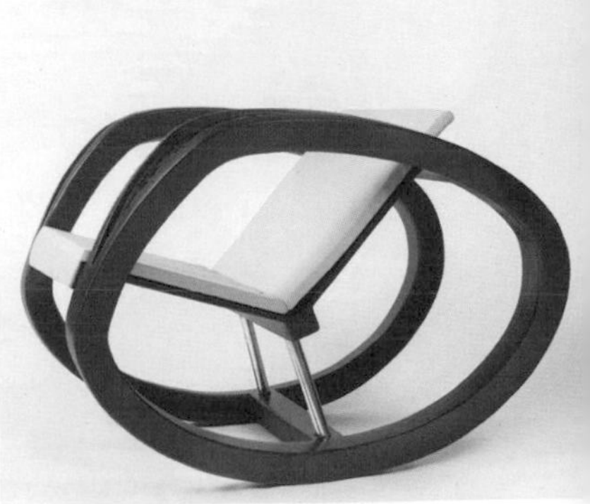

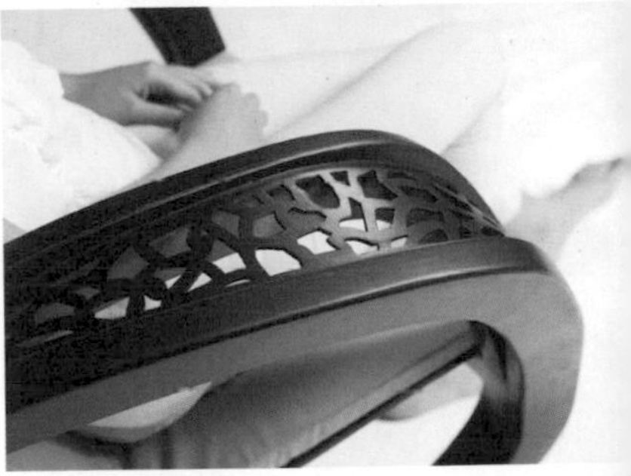

結語 三義慢活

三義地處山坡，主要產業依靠木雕與觀光，實習的這些日子，沈老師對於入駐成員諸多關照，不但提供臨時居所，餐點也時有包辦，閒暇時帶領成員於周邊桐花步道鍛鍊，如同古人上山學藝，達人久居山林，拜師學藝需與外界斷絕往來，專心於技藝養成，對久居於都市的學生來說是相當難得的經驗，也與三義這塊土地建構了相當緊密的連結。訓練結束後，我與沈老師成為好友，有木頭相關問題就回三義詢問，發現這些年越來越多年輕人來到三義學習傳統木雕技藝，每年的薪傳營熱鬧滾滾，三義活了起來，傳統與現代在此和諧共生。

雙手編出竹簡天地◆張憲平竹編家具

竹子呀竹子

在要進入第二次的工藝新趣競賽前，我對工藝新趣歷年作品在工藝類別的分佈產生了興趣，因此針對兩種最常用於家具設計的材料做了研究：竹編與木雕。在我們參加之前所有獲獎作品中木工藝佔了很少數，只有6件作品，跟竹藝35件相差了29件之多，這樣的落差是來自於技法、還是造型表現？對此產生了極大的好奇。因此團隊進行了問卷分析，以國立台灣工藝研究發展中心：工藝研發設計專輯歷屆作品中，選定3件木雕作品3件竹藝作品作為分析案例，以Amabile[1]在藝術領域評量表中對於作品分析評估的項目像是創造力、材料的新奇運用、形狀變異性、複雜性、技術優點、簡潔明

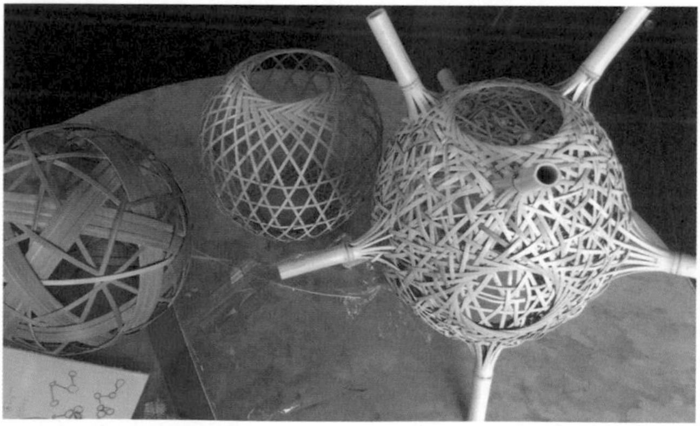

快性、對稱程度、律動感以及美感吸引力，作為評估標準，並增加一項量產化，以呼應工藝品轉型產品的迫切性。

[2]研究結果共發放67份有效問卷，發現就量產化評估，竹編作品比木雕作品更容易量產，機械編織與人工編織的差異性，在此成為竹編工藝的價值所在。而創造力與材料創新評估，竹編得分則比木雕低，推論原因竹編用於家具較常見，且木雕較為複雜 ；一為體一為面，兩者在造型構成上有本質上的不同，木雕在造型因素中的幾點評比相較於竹藝較為弱勢，像是對稱性、簡潔明快性以及律動感，但是在形狀變異性與複雜度兩項評比，反而是木雕作品B得到最高的評價。

研究得到的數據我希望能以實證方式實際體驗，因此開啟了第二次工藝新趣的團隊徵選競賽，這次的競賽工藝即為竹編，同樣地一如接觸木雕工藝的開始，我對於竹編也是新手上路。

---

1 Amabile（1983, 1996）在藝術領域評量表中設計的23個項目，分別有創造性、材料的新奇運用、新奇觀念、努力顯著性、形狀變異性、細節、複雜性、技術優點、整體組織性、簡潔明快性、計畫顯著性、再現程度、對稱程度、平衡、表達性、拙趣、自發性、律動感、喜好、具展示價值、美感吸引力、令人喜歡的形狀配置、令人喜歡的色彩運用。

2 全文論文收錄於銘傳大學2015國際學術研討會設計組-設計、未來／謝淳鈺，翁千惠，嚴佩琪，陳俊諺 2015.“木雕產品現代化瓶頸之因子初探”

編織之鄉

竹南，一直都是許多工藝大師的發跡處，鄰近的苑裡為藺草之鄉，鎮內的婦女都嫻熟藺草編織，大專生農村洄游第三屆金獎得主就以苑裡的山腳社區為駐村社區，推動藺草文化，幾年下來不僅成功將藺草編織推向國際，並成立「台灣藺草學會」持續推廣編織文化。因此，我捨棄一般人想到竹編都會往南投竹山鎮[3]的思考方向，轉而尋找鄰近學校的竹南，一方面學生往來交通便利、二方面對於在地產業的推動學校能更與之親近，尋訪中我們認識了竹南鎮的竹編國寶大師：張憲平老師[4]。

張憲平老師已年近七十，對於素昧平生的我們到訪，相當親近，聲若洪鐘、行動敏捷，尤其在示範竹編時，嫻熟快速的動作，讓人很難想像其實他已是七旬老翁。工作室內有1-2名的學生遠從台北來學習竹編，每日往返仍然孜孜倦倦，說明來意後，張老師很爽快的答應教授我們這群門外漢，這次團隊成員總共提出三件作品提案：1.洌石（竹製地燈）2.筧光（竹製立燈）3.漩椅（竹籐製座椅），就設計初步的原型與實際執行所需之技巧與操作難度進行討論。

竹南的竹藤編織並不輸竹山，更往山裡的南庄部落，原住民對竹器物的使用更為頻繁，但是卻較少為人知，張老師提到他早年學習竹編的淵源來自於家傳藝伎，祖父三代都經營藺草蓆編事業，後某個機緣接觸日本廠商需要竹製燈具，然而台灣現有廠商很少，有冒險性格的他便自己開始嘗試摸索，從藺草轉而從事竹編，一做便做出了興趣，一邊研發一邊改良，從燈具開始、接著花器、接著竹編生漆器，除外銷日本，更獲得許多國家級工藝大獎。在第一次參與大專生農村洄游時，我們首次跟著寶山鄉蕭爺爺砍竹、編製竹畚箕這種民間器物，時隔一年，再次跨進竹編這項技術，要嘗試將其從民間器物變成創意與設計的重要核心概念。

縮放自如的竹材

竹架構跟木架構都是在傳統上空間架構很重要的材料，作品小可至生活器物，大可至建築空間，竹子的彈性又遠比木頭高，可利用變化的幅度極大。在進入實際作品設計

3 竹子是南投縣竹山鎮重要產物，南投縣政府規劃開發竹藝產業園區，引進竹、木產品工藝家與製造商進駐，推動竹山鎮工藝產業發展。

4 第一、二、三屆民族工藝獎編織類二等獎及三等獎。美省美展、全國美展、國家工藝獎及地方美展等評審委員。

前，我們聽從張老師的建議實際走訪鄰近具有竹藝的鄉鎮，第一次進入南庄鄉的賽夏族部落拜訪潘章三妹老師，潘章老師師承張憲平老師，致力於原住民部落的工藝推廣，在部落裡看到許多日常竹器物，漁筌、米籮、斗笠和盤子。第二次進入新竹縣的峨嵋鄉，參訪交通大學許倍銜老師與學生的竹構築計畫，在過程中看到了釣魚竹棚、水上竹屋等大型竹架構空間，對竹製品的廣度有更深入的理解。

竹子，是一種可為皮為骨的材料。若作為骨架結構用，竹管、剖竹都可作為結構支撐，局部烤彎、泡水可提升其彎折之自由度，比木架構在造型上更具自由形態。但是將其剖薄、刨絲編織之後即可成面，作為皮層使用，皮層彎折可成體，製成竹器，表面編織有穿透性，應用廣泛，且姿態變化萬千，是相當活用的材料。

心靈手巧

上山剖竹是一個考驗耐力與體力的首要課題，過程先劈剖竹材、去青、最後製成竹片，第一次的練習就花了兩天時間，台灣竹林種類約有120多種，常見的六大主要竹種包括桂竹、麻竹、綠竹、長枝竹、孟宗竹、刺竹，除綠竹主要用途為採筍外，各竹種可依特性有不同的運用，如桂竹產量多，材質堅韌彈性佳，可製作包管家具及供作編製；孟宗竹竹肉厚、直徑大，可供竹雕、積層竹材、編製、建築等。成員回想時講到：「自己砍的竹片較有彈性也不易損壞，而機器製成的竹片雖然方便但容易斷，製作時要加水增

加彈性使其不易破損。」

竹編編法有密編和鏤空編兩大類，旗下各有不同編法：四方型編、人字型編、斜紋編、風車編、三角型編（謝籃編）、單輪口編、雙輪口編都是常用的基本編法。六腳孔編是基本編法中最具多樣性、應用性、可隨意增加席片（篾片）穿插，甚至可製造出捲繞方式的編織法，因此第一堂技法課就從六腳孔邊開始，一開始一片40公分乘40公分的六角孔席片都要花上2~3天，期間要注意前後扣壓順序的邏輯以及規則，否則即會打亂需重編，注意事項包含竹片要沾水保持濕潤，用力過猛容易折斷竹片甚而割破手指，而整個處理竹材的過程從選竹材、除油去青、劈寬、剖薄、定寬、起底、編器身、收緣口、做提把與支腳到塗裝，每個環節都須細心。

複合式修正與創新

有了基本功，成員必須針對設計提案選擇適合的技法應用，並從三天工藝中心所舉辨的設計營[5]中吸取意見，修正並與工藝家討論如何執行，例如其中一件作品因為要呈現如水般的流瀉樣貌，工藝家建議將細竹刨絲已呈現水流細絲狀，而另一作品形狀變異的部分，則可以用鐵絲將其定型之後再包邊，每個作品都會因為設計不同，需挑戰竹材特性做適性發揮，這也是創作的意義，利用設計提升技術與材料極限，而不局限於現有既定器物的造型，產業的進步也從此而來。

竹南的竹編若要做出其特性，應朝向與周邊編織產業結合，而非單一竹製器物。張老師在與我們討論到此議題時也說到：「草竹籐編織都是經緯線的變化，依適性發展不同形式功能，能獨立製作也能並用。」事實上，竹南地區會編織的工藝師不少，只是大多低調且執著於舊有工法，若能藉由新血創作；不受原有竹編技術的框架限制，先設計再想辦法提升材料特質以符合造型，並適當選用不同編織材：竹、籐、草相互搭配，像是以竹為主的器物中，籐的功能在於綁紮固定；而以藤為主的器物則利用竹條調整疏密彈性，相輔相成，必可以此作為在地特色產業發展。

5 工藝新入籍活動徵選上的團隊，工藝中心會舉辦為期三天的設計營，邀請設計界的專家學者演講並與成員進行作品討論，成員必須在營隊中發表設計提案並就意見修改作品，以更加完整結案的成果。

竹山古水

以枯山水的禪意解題
石之心冽、筧之水光、砂之洄想
取竹材之中空筆直與彎曲編織之美
將庭園之三元素轉化成三件室內作品
請您入坐

相較於木雕的沈厚，這次選定以竹為技法的設計主軸，希望給予使用者輕巧、寧靜的生活質感，以竹材帶有禪風的特質，轉化枯山水意象，發展一系列療癒紓壓的產品，以解決現代人壓力過大、精神疾病頻繁的問題。本計畫產品造型上皆轉化枯山水庭院物品為主，每個作品除了學習傳統竹編工藝，運用各種竹工藝技巧，編織而成的不是山水本身，而是枯山水背後所含的意象：Product 1（冽石）－石頭與心靈、Product 2（筧光）－竹筧與流動、Product 3（漩椅）－沙與漣漪，藉由竹材之中空筆直與彎曲編織之特色，來回應竹工藝家傳統手藝的精髓。

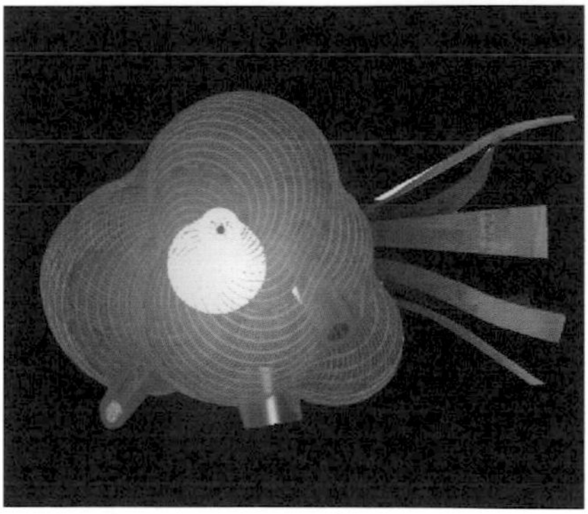

Product 01 冽石

❶ 作品名稱：冽石

❷ 形式或功能：地燈，藉由有趣的形體達到紓壓及照明的功能。

❸ 材質：竹條、藤條、金屬

❹ 尺寸：45（長）X40（寬）X50（高）公分

❺ 技法：輪口編、六角孔編、三角孔編、文捲繞、纏繞、金屬管加工。

❻ 設計理念：枯山水中，石代表了心靈，在生活中有許多阻礙，為了繼續前進，在生活中會有不同考驗不斷的將我們身上的稜角磨平、逐漸圓潤，將所有特質堆疊而成的心，就像石頭不斷堆疊，將此感受轉化成作品，以鼓勵使用者不放棄繼續對抗困難，作品帶有不規則有趣的形體，讓使用者達到紓壓的效果。

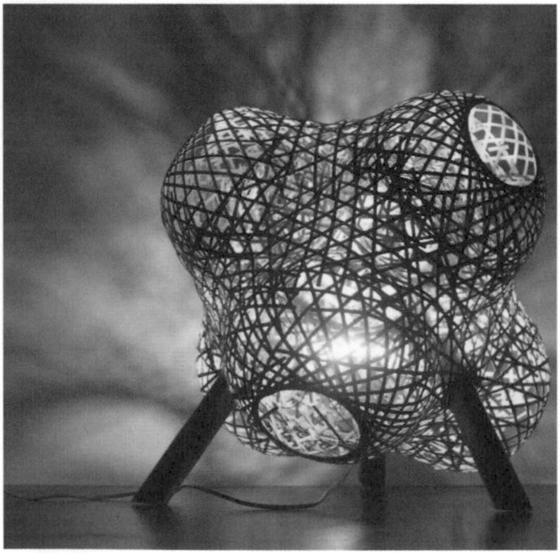

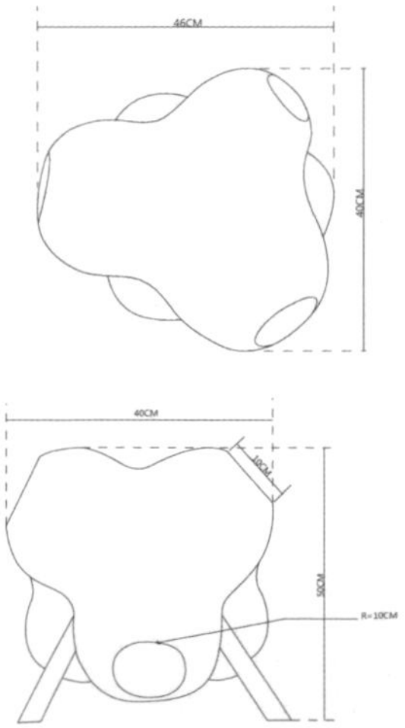

❼ 執行方法：（1）席片編織（2）竹編造型成體（3）將燈座鎖在席片包覆的金屬上做為連接（4）金屬管穿洞與竹球體組裝（5）銜接處收口包覆固定。

Product 02 筧光

❶作品名稱：筧光

❷形式或功能：立燈。

❸材質：竹管、竹條、金屬管、藤條

❹尺寸：30（長）X 30（寬）X 180（高）公分

❺技法：竹編、剖竹篾

❻設計理念：以枯山水中的竹筧作為發想，將侘寂（Wabi-sabi）的精神：一種以接受短暫和不完美為核心的日式美學融入其中。呈現出時間滯留在水流出空間的瞬間，為使用者呈現水轉化為光的過程，透過細絲般的竹條曲線變化來營造細水流動的意象，透過照明後營造枯山水的寂靜，表面處理由最原始的竹青曬乾後褪色的淺褐色，並保留原本竹材的斑駁，象徵著侘寂中的不完美並帶來日本美學的寂靜感。

❼執行方法：（1）席片編織（2）竹編造型成體（3）將燈座鎖在席片包覆的金屬管上做為連接（4）金屬管穿洞與竹球體。

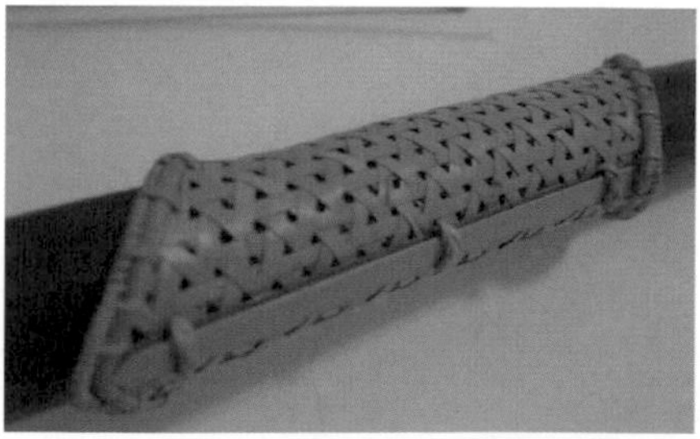

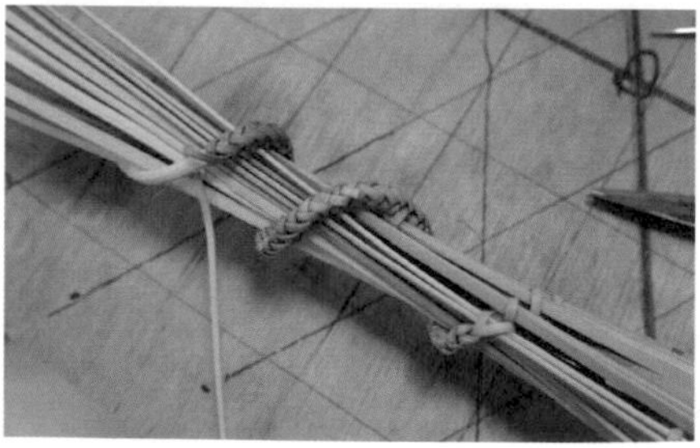

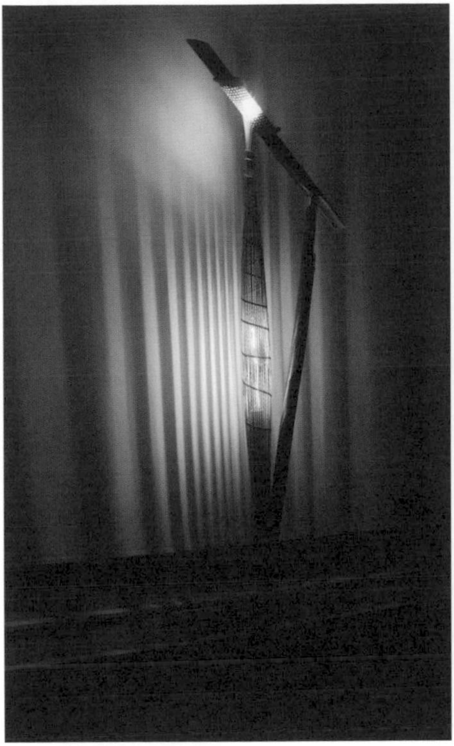
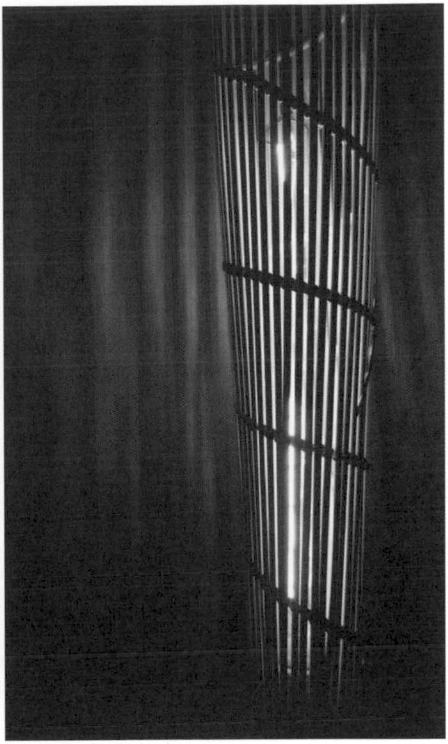
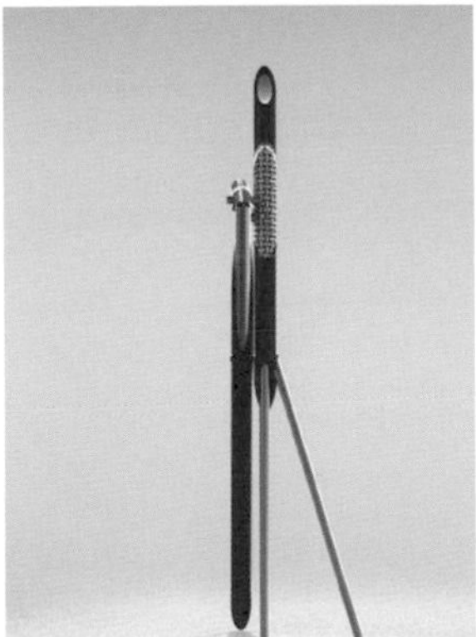

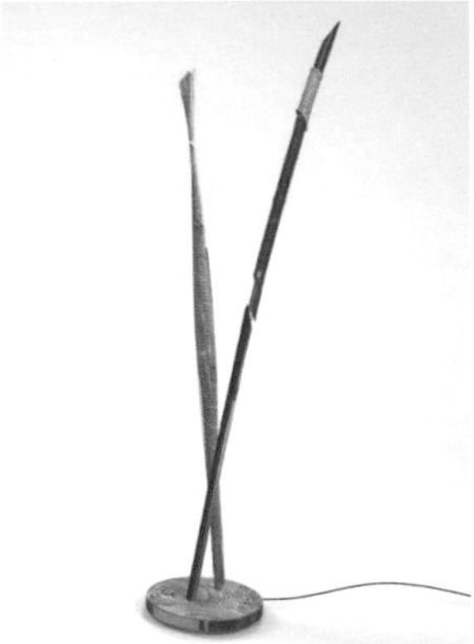

Product 03 漩椅

❶ 作品名稱：漩椅

❷ 形式或功能：椅凳，因竹材彈性與結構，使產品與使用者之間的產生漣漪與靜止的平衡，經由使用者體驗感受枯山水的意象。

❸ 材質：竹條、藤條

❹ 尺寸：80（長）X 35.3（寬）X 40（高）公分

❺ 技法：竹編、曲竹

❻ 設計理念：竹材使人產生一種清幽空間的體悟，就像在一片寂靜的竹林，靜靜地享受那份輕鬆自在，並經由枯山水的意象產生連結。枯山水並沒有真正的水景，以砂表現水，而石表現為山，岩石亦有心與靈的意象。靜止的時空與元素使人產生寧靜的效果。當石落入水中產生漣漪，形成擴散的美感；而人就像石，落入椅面後因竹材彈性與結構，使產品與人之間產生漣漪與靜止的平衡。經由枯山水靜止的美，將砂的線條慢慢立體化作為一張座椅，不需要複雜的裝飾，簡單呈現「美」的可能性。

❼ 執行方法：（1）運用角度觀察平面轉立體之線條（2）竹材加工、竹片磨砂（3）調整竹片彈性（4）竹材烤直彎曲（5）椅面局部風車編上膠保護（6）藤皮包邊收尾竹編椅面。

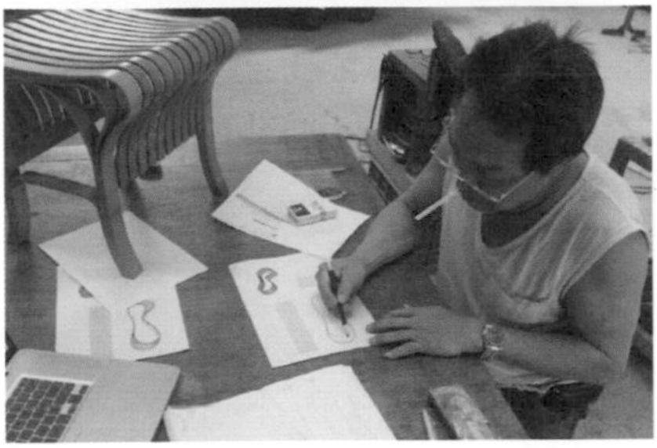

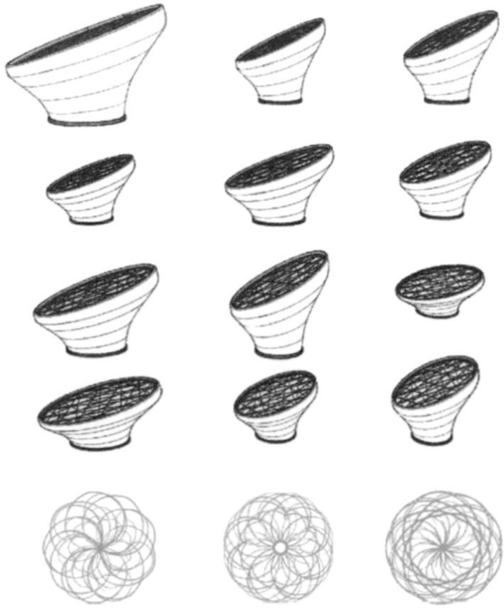

Chapter 4

小小的社會，一起往更遠前進吧！

以社區營造為根基，產學合作為形式所羅織的一個個小案子，局部點亮各小社區，企圖延伸出更寬廣如面狀的社會設計網絡，逐步發酵。

Project

01.

康樂里的嘟嘟車

未進入社區以前，里長這樣的名詞對一般人來說相當遙遠，更不要說對年輕一輩。小時候記憶中的里長，似乎只有競選、颱風天災以及停水停電等相關措施執行時，在電線桿旁的擴音器中緩緩廣播的那個男人，又或者是門口總絡繹不絕，退休人員、街坊鄰里，最喜歡串門子的那一戶人家，而都會區居民對里長的理解就更寥寥可數了。康樂里是我跟著這群20出頭的學生們第一次深深認識的里長。

發想過程：三個月的緣分

康樂里位於新竹進南寮海邊的小村，靠近南寮空軍基地，康樂取自於「槺榔」，由於當地早期為貨運樞紐，因此設有古輕便車，其在日據時代是用來運送新竹市竹塹舊港與市區之間的客貨，具有豐富的歷史文化內涵，輕便車道的行駛道路從清朝開始便是舊港與市

區之間重要的經貿之路。廢棄後轉而成為含懷思優古的文化景點，然直到2012年才正式依照原來的輕便車道，重建了一段約500公尺的車道，並仿造當時的輕便車路，重現當時輕便車運輸的面貌，讓民眾親自上去體驗。而我們的任務就是配合市政府聖誕節的點燈政策，將這段小火車設計成具有聖誕意義的燈節火車。

實際操作：找婆婆媽媽一起來

我們場勘了很多次，親自體驗這段小火車的美麗之處，當火車駛進稻田間，兩岸的綠波鼓浪，很難想像就在離市區不到15分鐘車程的地方。「里長伯伯超親切的！」當學生們開始操著一點不流利的台語，聽著有聽沒有懂的客語，指手畫腳的跟著這群當地叔伯嬸婆說明著設計提案，老少雞同鴨講嘗試溝通的畫面，我就知道離開課堂進入社會的教學，是多麼珍貴！打著日頭接電路、安裝裝置物，來往穿梭於每戶人家借螺絲起子、電鑽、接電等等，彷彿整條街都是你家的鄰里關係，對年輕一輩來說太少見了。因此，當夜幕低垂，里長北北騎著歐都麥帶著便當來，又累又髒的孩子們卻愉快的笑起來，那一餐吃得很香。

里長很用心，除了輕便車之外，還經營了很多社區活動，這些我們白天上班上課都遇不到的家中長輩，原來這時段也出去上課了。為了讓聖誕活動更能進入社區居民的心中，我們團隊設計了一系列的手作課程，期望用簡單的藤編工藝，讓這些婆婆媽媽能夠親手做一些聖誕吊飾，吊在輕便火車上，聖誕節時坐上火車就能看到自己的作品。

居民的反應總是很直接，手作課程的設計跟里長及相關單位討論了很久，擔心太簡單太無聊、又擔心太難挫折感太重沒興趣，最後選了聖誕老公公的摺紙課程，以及稍微有點難度藤球編織課程，然後在分組時又產生有的組員進度超前，有的意興闌珊的窘境，我們只好不時加些笑話並遊走於不同的組別，所幸最後婆婆媽媽們還是愉快地完成了課程，並相約一起到火車掛上自己的作品。

最終獲得：小改變帶動里民間的情感

看似簡單的火車規劃之旅，從開始設計到施作都由團隊師生一力完成，雖然說緣份始起來自於政府單位的需求，但真正進入到社區後，那濃濃的人情味跟里民互助的精神才是讓我們這不到五人的年輕團隊深深著迷的地方。

2015年12月24日晚上，里長邀請我們一起到社區同享這三個月來的成果。輕便車拿掉了原本側邊八股的標語圖板，換上了輕盈的壓克力雪花，利用LED燈在雪花邊條製造出猶如下雪般白色的光芒，車頭可愛的麋鹿裝置讓車身頓時活潑起來，當然，車內居民親手做的吊飾是讓民眾產生情感聯繫的部分，扮成聖誕老公公的里長說：「一起來趟夜間稻田的聖誕之旅吧！」在喧鬧聲中、聖誕歌鈴響大作中，大家的鼓掌歡呼聲中，發光的麋鹿輕便車駛向帶著青草味的黑暗稻田，一個小改變所帶動的情感，美麗而且相當溫暖。

過了很多年後，我問起了那些畢了業的學生，在學生活哪件事情最令你開心，他們說起了康樂里的經驗。原因是覺得一起工作共同奮鬥的感覺很好！設計在此時不在於多華美多前衛，在於你服務的人們臉上的笑容。

Project

02.

東門城護城河聖誕裝置

2015年的聖誕節，格外有意義。除了康樂里的嘟嘟車，我們同時承攬了市政府東門城護城河的部分聖誕裝置，要配合聖誕節晚間的點燈裝置一起點亮新竹市。

發想過程：打破同溫層，拉近可親近性

對於護城河，在交大唸書7年，加上工作近10年的我，相當具有情感意義。1999年劉育東教授與邱文傑建築師攜手規劃的「新竹之心」，開啟了以東門城為核心的城市綠

帶，周邊商店以及景觀規劃，往往成為居民散步與駐足的好去處。這種小型案子預算相當有限，很多單位都不願意承攬，雖然並非以鄰里為接觸對象的社區案，但護城河卻是新竹市民必經之地，因此我們也想透過裝置，讓市民更願意親近、停留甚至拍照留念，以紀念下2015年護城河的聖誕樣貌。

由於是很親民的裝置，設計概念最好是淺顯易懂，設計師在學校的訓練往往教育設計概念要有深層意義，甚至托之以哲學等意念來闡述設計，作為深層的思考以及設計方法訓練自然是很好，但是對要常與居民對話的社會設計，卻不適恰，也因為如此，要與群眾接觸的社區設計，往往很難有華麗的外型、精練的美感，珍貴之處在於人與人之間的互動，用句網路術語來說，進入社區是很實質地打破同溫層，建構不同社群彼此認同的開始。

實際操作：3D列印聖誕小精靈

因此，這次設計概念以小王子這本通俗的童話讀本為

角色設定，設計了幾尊大小不同的聖誕小公公，其為來自外星球的聖誕小精靈，全部以手工打造，3D列印主體之後表面塗噴，表現出住在星球屋中來地球玩耍的聖誕奇幻想像，星球屋則以編織帶為主要材料，使用竹編技法中的自由編，創造出一顆顆可愛的球型小屋，喚醒遺忘的赤子之心，使人們渴望的溫暖關係覺醒。

最終獲得：建構與居民共同的文化意識

裝置必須快速組裝，因此全部做好之後，半天內完成現場工作，組裝過程中各式突發狀況，不得已只得跟附近商家借用或購置工具，路過的市民不時詢問，甚至在尚未組裝完成前，就有人開始圍繞公仔拍照，讓我們確信與居民建構共同文化意識的連結，的確是社會設計的必要條件。點燈當天，市長從東門城的大型聖誕樹開始啟動點燈儀式，然後沿著護城河逐步點亮，學生們帶來了仙女棒，繞著護城河走了一圈，在我們的裝置前停了下來，透過竹編技法映在地面上層層疊疊的光影，為新的來年祈福，大約就是每個人心中聖誕平安所描繪的輪廓吧！

Project

03.

隘口里：環保回收角

第二次進入社區是完全不同的經驗。相較於康樂里的質樸農村風味，隘口里散發濃濃的當代都市疏離樣貌。

發想起源：竹北清潔隊

這個案子起始於當時竹北清潔隊想要開始在竹北各區域的回收站表現創意，改變其髒亂老臭的居民印象，清潔隊帶我們場勘了許多過往做過的設施，大多為：戶外廢棄物再利用、戶外垃圾桶改造、媽媽教室、環保再製品等，在形態以及效應上還是屬於坊間

一般的做法，創意不足。在評估了6個地點，包含了幾個里幾個國小之後，最後清潔隊選擇了隘口里的里民活動中心作為此案規劃地，主要原因在於配合度上，隘口里的里長比較願意並提供新思維，這也反映了在從事社會設計的過程中，人往往是最重要的關鍵。

如果說每個里的文化會反應在其所選里長身上，那隘口里可就充分體現了這一層。里長很年輕，30多歲，騎著重機來時，你很難跟傳統里長的形象劃上等號，倒像是一個城市遊俠。里長以活動中心為中心，帶著我們介紹了隘口里的地界範圍，中心門口的隘口伯公廣福宮，地方人稱為「蜘蛛穴」之處，是該地重要的景點以及回憶之一。年輕的里長談到都會區的里民參與遠不如鄉村區來得熱絡，有著深深的遺憾，放眼望去周遭的大樓，每個人都忙著工作，願意真正走出家門與社區互動的人相當有限。

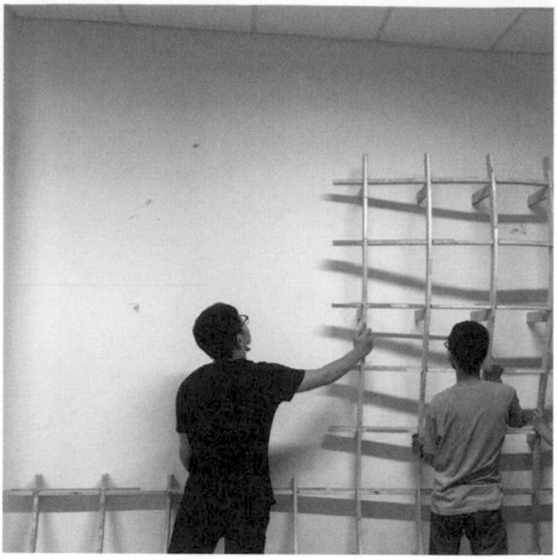

實際操作困境：社區團體理念的落差

里長本身也是一個景觀規劃師，因此在活動中心的陽台自行設置了一魚菜共生[1]的場域，而我們的任務就是要擴大這個範圍並提倡資源回收的觀念。在與清潔隊承辦商議之後，主要施作的場域設在二樓陽台內電梯出口處，作為「環保回收角」位置，工作內容包含多張海報設計（P.153 圖）以及一個大型裝置設置，本來期望的是在回收角完成後，里民可以帶著自己家中回收的鋁罐，來到活動中心共同參與回收角的啟動儀式，親自動手把一個個鋁罐放在裝置上，而這個裝置也因為里民的參與，才能真正完成。

這個願望後來沒有達成，原因很複雜，包括了一個里裡面除了有里辦公處外，還可能有社區發展協會、文化發展協會、社團法人、愛鄉協會等等公民團體，每個團體理念不同，勢力分佈不同，對於執行的方法也多有意見，如何整合這些意見，達成共識，朝著共同的方向前進，往往是社區最後是否能重新凝聚

再生活力的關鍵。畢竟人很難像〃魚菜〃一般，簡單且純粹的互相依賴，某單位推行的政策其他單位願不願意貢獻人力，相互配合成長，往往是社會設計最艱難的課題，對我來說，這個未完成雖「未完成」，但將這樣的社群內在狀況，再現於這個回收角裝置，也是另一種以藝術向大眾發聲的表演。

實際操作落實：大孔洞蜂巢紙

為了有別於之前清潔隊之前執行過的案例，這次設計嘗試將我們喜歡的自由曲線造型融入，設計了一個由如波浪般的鋁罐回收牆，內部骨架透過參數式設

1 魚菜共生指的是將水生動物中的糞便和水中的雜質分解過濾，取其主要成分供應給上層所種植的蔬菜，同時利用蔬菜根系把飼養箱內的水淨化回饋給其所飼養的水中動物，形成一種自然循環。

計建模後，以CNC裁切木製骨架，現場安裝於牆面，但是放置鋁罐表面皮層則著實傷了點腦筋。一方面希望表皮是可回收材料，但又要有點彈性，最後選擇了常用於大型展示空間的蜂巢紙，但是蜂巢紙其孔洞的市面規格過小有所限制，放不進鋁罐，因此特別尋訪了多家廠商，訂製了一個剛好可以塞入鋁罐的蜂巢紙，當不同顏色的鋁罐放進這個曲面牆，產生的繽紛色彩會因為置換鋁罐產生不同的樣貌，於是牆面有了生命，因為在這裡生活的人們。

最終獲得：打破群眾藩籬

裝置最終完成了，裝置牆放進了少量鋁罐，旁邊的木架構也達成了里長希望放置一些掃具的功能，輕盈不打擾原本的空間。居民未完成的部分留在一角，宣示著；並更堅定未來以社會設計作為打破群眾藩籬的必要性。

Project

04.

為東勢庄與芭里社區里民打造清淨家園

參加清淨家園計畫是一個機緣，當時來到中原大學，景觀系與建築系的好友剛好在執行「桃園市社區環境空間營造計畫」共輔導26個社區，每個社區需要執行的輔導老師，從新竹轉戰到桃園，似乎我的社會設計之路總是能夠找到契機。因緣際會，我認養了兩個社區：位於桃園高鐵附近的芭里社區與平鎮區的東勢庄。

發想過程：社區環境營造計畫

相較於新竹區，桃園區域的社區於我更是親近，從小在桃園長大一直到求學時期才北上，這些非市中心的鄉鎮，於我兒時記憶許多都是未開發的稻田，然而沿著這些鄉道

小徑生活過的足跡，雖因為這些年的發展，無法辨認，但於土地親近的情感對我來說卻是深刻的，因此更期望能夠將之前輔導農村的經驗帶來家鄉。

「桃園市社區環境空間營造計畫」是屬於點狀輔導的計畫案，跟之前我所執行；時程較長且屬長駐型的計畫有所不同，26個社區自我提案，計畫單位審查核定通過後，邀請相關專長老師進行輔導，給予意見，執行時間短、施作內容小，雖金額不大但由於提案單位為社區自發，因此社區大多有一定共識且已規劃執行人力給予協助，學校單位作為輔導監督的角色，定期訪視，在執行過程中給予意見。

這個計畫為多年期計劃，每年投件的參與社區不同，主要衡量點在於社區NPO團體的在地培力能量，多數會根據地方特色以及可以運用的基地條件，設定每年要經營的基地地點，我所輔導的東勢庄，提案單位為東勢庄文化協會，提出水塘邊休憩空間的思維，而另一個芭里社區提案單位的社區發展協會，則持續經營，每年皆提案，分區美化社區內的每個角落。

實際操作1東勢庄：清親小水塘

東勢庄位於平鎮住宅巷弄旁，鄰近有一埤塘公園，原本政府規劃了一系列的人行道路以及周邊植栽，較為現代化的設施讓居民懷念起舊有的自然環境，文化協會的理事長針對埤塘蓄池旁的一小塊三角地，提出了保留埤塘邊記憶中的昆蟲意象，動員里民一起用竹子親手搭建了庄裡最具代表的抽象昆蟲棚架，用意是回憶起尚未整地前，該區域純天然的自然生態。

庄里的居民相當熱情，每次活動皆動員老老少少，大家辛勤的一起除草、整地、搭建，中午時分，鄉親們會自制飯菜帶來跟活動成員一同分享，說說鬧鬧好不熱鬧，充分顯示該地區居民的向心力，每次訪視社區，居民皆會熱情地準備自己做的菜包、水煎包，還不時強調一切皆為手工天然，居民的熱情可愛，成為本計劃最令人動容的風景。

實際操作2芭里社區：浣衣．水車．綠盎然

芭里社區是一個資產很豐碩的社區，該社區鄰近桃園高鐵站，每年定期舉辦花火節，居民多務農維生，擁有美麗的農園景致與水圳，第一次計劃活動，里民社區將一個原本荒廢的浣衣空間，重新綠化並更改結構，不但將原本的硬鋪面改成綠意盎然的植披，更在周邊種植了各式花卉蔬果，里民邀請我過去那天晚上，晚風徐徐，坐在里民所搭建的小屋上，聽水聲潺潺、哇嗚鳥叫，人生快意！

最終獲得：集結人群，提升居民意識

社區的執行團隊主要為發展協會以及里長，該地的執行力很強，且持續耕耘，浣衣池後又於隔年持續申請計畫，改善周邊綠地、以及休憩喝茶座椅，將本來點狀的改善基地逐漸串聯成帶狀，這種改造方式實為社區營造的原型，以土地為本體，集結人群，逐漸擴散成為該區的居民意識。

每年計畫結束，所有社區會集結總結一場成果發表會，每個社區可以展示海報與模型跟大家分享，為了讓我們的社區能夠脫穎而出，參與本案的學生卯足力氣，做了非常精巧可愛的模型，日後也可留在社區供民眾參觀。

Project

05.

八德宵里社區石母娘娘廟周邊改造

自教育部於106年啟動「大學社會責任實踐計畫」，引導大學師生組成跨領域團隊，帶動當地企業及社區文化的創新發展，中原大學就以設計學院[1]深耕許久的霄里社區為基地，啟動桃園霄里文化綠廊[2]USR計畫，共搭配校內六個系所將近15門課程，帶領學生共同進入桃園八德區的竹霄社區參與居民共創。

發想過程：社會設計為核心，置入文化創意

當時我結合一門大班通識課程：設計倫理以及一門微型課程：社會責任與設計師道義切入，修課包含建築、土木、商設、景觀、原民專班學生，近120人，課程為跨領域課程，針對設計創業為主軸，課程主幹以社會設計為主要核心架構，希望以一種新的思維，教育學生設計師的責任義務，以便學生未來執業時，能針對問題做出符合道德倫理的判斷。

在多次走訪霄里社區後，我以石母娘娘浣衣池[3]作為主要課程實作基地範圍，課程內含三次的現場實做，包括1.現場基地調查，學生必須在石母娘娘場域尋找一塊適合施作的位置，作為未來文化創業的示範施作。

1 中原大學設計學院院長的陳其澎教授，在教育部尚未開始啟動ＵＳＲ計畫前，即長期投入桃園八德霄里社區的地方文史調查工作，在改造社區同時，盼喚起地方重視自己的客家文化，歷經十幾年的努力終於獲得社會高度回響。

2.社區文化創業現場設計競賽提案，邀請專家學者以及社區居民一同對於學生的創業提案給予修正意見，並票選合適提案作為之後社區可為發展之方向。3.設計創業示範場域施作，學生於石母娘娘場域選擇一小角落，以自己的提案作實際的施作測試，材料不拘，可以是木作、紙板、金屬桿件皆可。課程安排3～4次專家演講，針對社區現況、社會設計、空間義築、以及木工材料給予學生適當的知識技術。

實際操作：趣味生活提案，引起居民關注

課程以分組進行，鼓勵不同科系交叉組隊，每十人一小組，共分成11～12組，每組團體討論共同提案，以競賽遊戲方式，落實霄里區域設計創業之雛形。期中評圖特別走出課堂，實際在石母娘娘廟前的至德堂內舉辦，除了海報張貼，現場也讓居民與專家學者共同發聲，針對每個提案給予建議，達到學界、業界與社區的真實對話，共提出了浣衣池便民椅、手工愛玉

即時包、石母娘娘祈願卡、霄里客家美食伴桌、樹印文創攝影展、稻草人指標系統、創意休憩雨遮、團圓搓湯圓活動、獅身麻糬攤車設計、足憩浣衣椅、夜光卵石點亮系統等不同層面可供未來霄里社區推動的文化創業計畫，許多居民都對各個提案很有興趣，也紛紛給予學生正面鼓勵。

期末的競賽工作坊為現場實作，一整天的時間讓每組團隊在基地周邊選好的場地，實際施作，團隊必須先將材料以及施工方法演練過，並搬運到現地組裝佈置。可以看到浣衣池旁的大樹上開始結滿柱連繩所繫上的祈願卡，廢棄的磚造小屋經過打掃改裝成攝影

2 University Social Responsibility, USR。教育部為強化大專校院與區域連結及合作，實踐大學社會責任，培育對在地發展能創造價值的大學生所推動的計畫。

3 八德霄裡石母娘娘廟前的浣衣池是沁涼清澈的天然湧泉，泉水終年不乾涸提供了在地居民洗衣、戲水的地方，也讓霄裡地區保留了當地居民一直以來的用水文化。

展場，綠油油的稻田邊同學們圍著曬乾的稻草編織稻草人路標與遮蔭頂棚，中午時分，社區居民特別在至德堂的三合院裡辦桌，邀請大家一同享用客家美食，陽光灑在寬廣稻埕上、汗流浹背蹲在屋簷下飽餐一頓，稻田邊的餐桌特別美味。

最終獲得：社會設計需回歸使用者需求

在講求學用合一的時代，進入社區設計的實作學習必須注重每個施工的環節，與以往注重於設計概念養成的學習經驗不同，要考慮的面向必須更務實、更合理。其中成本與施工的步驟更大大影響了設計的提案方向，也更重視使用者需求，有一幕在我眼中特別美麗，當年輕學生將自己施作的浣衣椅拿給當地正在洗衣的婆婆試坐，彼此露出滿意的微笑，我想就是從事社會設計最美好的一刻。

Appendix

社會設計模式應用於在地文創商品：以新竹縣新城社區為例

Application of Social Design on Local Cultural-Creative Products for Xincheng Community in Hsinchu County

關鍵詞：社會設計、廢料再生、文創商品、永續發展

摘要

隨著科技進步及資訊傳遞迅速，社會產業結構也逐漸改變，以傳統產業為主的農村面臨了巨大的波動，村內年輕人口外流，造成了青中年人口斷層，傳統產業逐漸沒落的危機，農村人口逐漸老化，青年人逐漸外移，農村留下的許多在地特色逐漸被忽視或遺忘，本研究藉由社會設計的三個設計思維來改善當地問題，方式為：1.洞見2.創意3.執行，實際深入新城社區了解當地特色，將社區廢棄物再運用於當地環境，並閱讀文獻探討文化創意商品含意及歸納其設計因子，將歸納出之因子應用後續新城社區蔗渣文化商品設計中，透過問卷分析，建立與重整可做為新城社區文創設計之初步產品原型，最後，將技術改良及傳授當地居民，整合當地資源，以期待建構農村永續、在地創新之生生不息產業模式。

壹、導論

一、研究背景

近年來設計的發展逐漸從型態轉而為服務，從小眾轉而為大眾，經由設計的手段來解決當前的社會問題，已經成為許多設計師著手與致力的工作。社會問題不再只是政治家、社會學家所關注的事物，也進一步轉化為設計領域所想要投入的範圍。山崎亮（2015）說明設計其實是可以是用來解決社會課題的工具，故設計不再侷限人與人、人與物之間，而是人與社會的關係，以點線面為例，意謂著改變「點」對「點」的思考方式，而是先以「面」來思考問題，實際走入社會，觀察社會。

在全球化的推動下，各國文化有了交流的機會，為了凸顯國家特色，故使各國更重視當地文化保存與推廣，科技進步及資訊傳遞迅速下，社會產業結構也逐漸改變，以台灣為例，眾多以傳統產業為主的農村面臨了巨大的波動，村內年輕人口外流，造成了青中年人口斷層，傳統產業逐漸沒落的危機，農村人口逐漸老化，青年人逐漸外移，農村留下的許多在地特色逐漸被忽視或遺忘，農村產業逐漸沒落，產業面臨轉型，由此可見，年輕人與創新思考的注入對農村復興非常重要。

政府為了解決農村人力短缺及創新思考注入的問題，近年來舉辦鼓勵各大專生院校參加回歸農村計畫，藉由大專生自身專長，幫助農村再造，本研究藉由參加「第五屆大專生洄游農村計畫」，選定以黑糖產業為主的新城社區作為合作對象及研究對象，查閱文獻後，了解到新城社區製糖產業源於日治時期，因為盛產甘蔗，製糖業十分發達，且生產的黑糖，因品質優良，大多輸往日本供日本天皇食用，所以在過去有「黑糖的故鄉」的美稱，然而隨著台灣光復與經濟起飛，人力成本上升，製糖業生產成本相對提高，競爭力也逐步下降，而使昔日片片蔗田、濃濃糖香的繁華景象，逐漸成為歷史記憶。

長期以來，老舊農村一直面臨兩個問題：（1）社區產業經濟低落。（2）年青人口外移，造成農村老齡化。從文獻回顧得知，在以往的社區營造中本研究觀察到加入文化創意產業商品是常見的方式，文化創意產業著重於「地緣性」，而政府推廣地方文化產業是近幾年不斷的推動各城鄉地方文化產業的發展工作之一，本研究以Tim Brown & Jocelyn Wyatt（2010）所提出的社會設計之設計思維系統為架構，首先，洞見（Inspiration）：實地考察與訪問社區人、事、物，進駐社區親身體驗當地生活、與社區事務；再來，創意（Ideation）：研究記錄社區當地特色，設計在地文創商品，並透過問卷探討分析是有具有當地獨特性；最後，執行（Implement）：將技術改良及傳授

*本篇論文收錄於 TSSCI 期刊：產業與管理論壇

謝淳鈺，嚴珮琪（2017年12月）。“社會設計模式應用於在地文創商品：以新竹縣新城社區為例。產業與管理論壇，19(4):4-31。

當地居民，整合當地資源並提出適合新城社區文創商品。

二、研究問題

本研究範圍選擇新竹縣寶山鄉新城社區為場域，進行調查與實作，觀察到將甘蔗加工成黑糖的製糖過程中，甘蔗壓榨成蔗汁後，會產生大量的甘蔗廢料，社區以往的做法都是焚毀或棄置於田間作為有機肥料，不論是棄置或焚毀，或多或少還是對環境有些汙染，經濟層面上也是一種浪費，當中社區經濟低落，大量人口外移，造成中青人口斷層，農村老齡化的問題一直困擾著社區，本研究目標以在地特色轉化成文創商品並提升新城產業價值，並解決農業產業廢料環境保護問題與人口外移導致產業沒落問題。針對這兩個現況，本研究以當地黑糖產業廢棄物—蔗渣，做為解決方案，並以參加水保局大專生洄游農村計畫為契機，進駐社區，依據團隊設計專業，研發蔗渣再生材，運用蔗渣富含纖維素的特性研究了蔗渣手工紙、蔗渣擺設盆栽、蔗渣燈罩、蔗渣錢包等各式商品雛型，企圖解決產業廢棄物的環保問題，並賦予了這些產業廢棄物的新的價值。

綜合上述研究動機及目的，本研究問題如下：

1.新城社區當前的困境與在地特色為何？

2.廢料再生文創商品是否符合在地文創商品的條件？

貳、文獻回顧

一、社會設計

社會設計意為將企業經營方向以同理心進行社會創新，用社會設計的智慧，重新架構我們的生活，為90％的人設計，並將此設計思維落實在自己生活的社會，為公眾、社會利益設計。「社計思維 SOCIAL DESIGN」的策展人丸尾弘志（2015）說到「設計，並不是單純美化商品外觀、賦予魅力，而是解決生活及社會中的各種問題。」這也說明了，設計成為有力的工具，設計師需要具備高度的社會與倫理的責任感，也需要設計實踐者對人們有更多的理解，以及大眾對設計程序有更多的洞悉（Victor Papanek,2013）。

Brown & Wyatt（2010）在「Design Thinking for Social Innovation」文章提到的社會設計是以設計思維系統為架構，以三個部份分別是：1.洞見（Inspiration）—從當地的生活學習反思看見問題。2.創意（Ideation）—看人們不做的，聽別人不說的，找到行動方案。3.執行（Implement）—設身處地，感同身受，以實際行為找到符合人性的解決方案（如圖2-1）。

以藉於此，大多社會設計都希望設計出一套讓使用者自力更生的系統，既能保有自身的尊嚴，以自身力量補足社經地位上的落差，然而這不只解決了生活不便者本身的問題，這解決了整個社會的問題。Papanek（2013）提出如果要讓設計成為有價值的工作，有六個方向是設計專業可以達到、而且必須走的：「為第三世界而設計」、「為身心殘障者的教學或訓練器具而設計」、「為內科、外科、牙科及醫療設備而設計」、「為實驗研究設施而設計」、「在邊際條件為人類生命進行系統設計」、「為突破性概念而設計」（Papanek，2013）。太刀川英輔（2015）說過「設計也可以是一種社會參與的方式，社會設計不應該是孤立，而應該透過與許多領域互動、創新而形成影響力。」意旨設計不再拘限於設計師與尺度的孤軍奮鬥，人民參與社會設計成為了為自己發聲一項工具，透過不同領域的結合，所激發之成果不再只影響單一群體，而可能成為影響世界的力量。

近年來隨著社會設計的興起，越來越多人才相繼投入這項行動，由於本研究主要探討地方文創商品，故本節查找社區設計案例主要查找為社區產業設計中內含在地文創商品設計為主，並以《好設計，讓地方重燃元氣！、19個激勵日本在地特色的創新企劃實例》一書中選取兩個案例作為說明，從本書中發現日本農村的傳統產業所面臨狀況與台灣農村無異，同樣面臨了農村老齡化及年輕人口外流的困境，隨著全球化的影響，市場產業更加競爭，傳統的農村更加勢微，

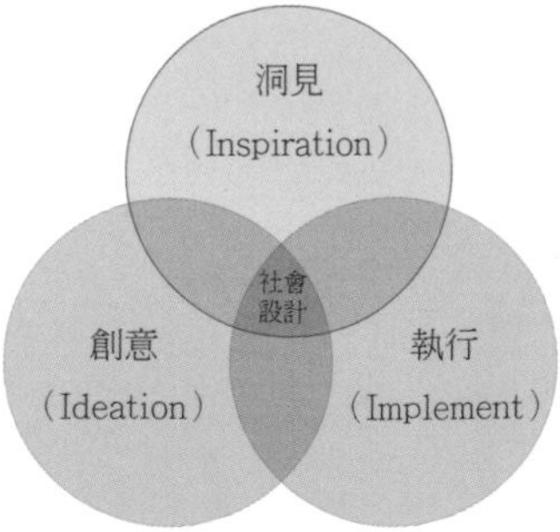

圖 2-1 Tim Brown & Jocelyn Wyatt 社會設計的設計思維系統架構

書中所提到的一個解決方案為集中各自生產的藝品做成精選品牌，提升附加價值以解決個別商品無法流通進入市場的問題（PIE BOOK 編輯部，2016），當中長岡淳一與阿部岳提出了「地方更需要設計」的概念，著手為北海道地方做設計，在日本各地舉辦演講與設計諮詢後，在聽完擁有相同困擾問題後，他們提出了「行銷十勝」的企劃，將北海道當地的食材與食品加工業結合，以高質感的統一商標、統一包裝設計打入市場，為弱勢的農家轉為優勢，此計畫產品通過通路在精品百貨及網路販售，後續也積極參展，希望讓更多消費者接觸商品，以提升知名度。

同樣透過展覽提升在地商品知名度的是日本各地舉辦的國際藝術祭，此展覽廣邀各界創意家為參展地區的產品做創作，以 2012 年越後妻有大地藝術祭、2013 年瀨戶內國際藝術祭、2014 中房總國際藝術祭等三個國際藝術祭為例，因為越後妻有、瀨戶內、市原等地共通點主要是面臨地區老齡化及交通不便的問題，參與國際藝術祭監督的桑原康介認為藝術祭不只是要祭典，藝術就像是人們聚集的燈塔，目標是透過藝術祭發掘地域潛在的資源，創造各種可能性，為地方帶來活力（PIE BOOK 編輯部，2016）。主辦方對當地生產者提出了邀約，在經過調查產品製作流程及背景後，舉辦說明會並共享企劃理念，在網路上公開招募或指名公開招募國內外年輕設計師作品，最後請各界專家嚴格選拔，不僅評選優良設計還須考量後續市場銷售觀點。此計畫期望是藉由設計師與生產者之間良好的互動，讓生產者意識到設計的重要性，設計師理解生產者想法及商品背景，以建立長期性的合作。

以上兩個例子主要都是在活化地方商品，重新設計地方名產，藉由設計師的巧思，讓農村包裝脫離了純樸的印象，改變消費族群，重新將農村作物定義為精品，開闊新通路。從案例中可以看出兩件設計案例皆符合社會設計的三大設計思維，設計師與生產者建立互動及深入了解當地面臨困境、當地文化及當地商品背景，經自身經驗與美學重新創新產品，藉由參展及比賽增加曝光度，讓在地產品附有實際經濟價值，才可為當地經濟帶來復甦，農村永續發展。

二、永續設計

最早的綠設計理論，從「3R」：Reuse、Recycle、Regeneration，到 Burall（1994）提出產品綠色設計乃架構於環保「4R」理念上，分別為：（1）減量（Reduction）－將材料之使用降到最低、（2）重複使用性（Reuse）－重複使用及減少廢棄物產生速度、（3）回收性（Recycling）－回收尚可利用的資源或零件、（4）再生（Regeneration）－將回收後的廢棄物重新製成有利用價值的原料及產品，此概念主要以材料及廢棄物再利用為主要導向，但目標害是有效降低環境損害。顏妹（1999）認為綠色設計的特性可分為：1.與環境相容的特性、2.有效利用材料資源、3.有效利用能源，在此可看出綠色設計包含了環境、材料、能源三項因子不可獲缺的相扣關係。杜瑞澤（2002）在《產品永續設計》書中提出與產品各環節相關的綠色產品設計原則，從產品材料選擇、機構設計、製造程序、包裝、運輸、消費者使用、廢棄與回收、生活環境設計與環保相關法規，認為身為設計者應清楚了解綠色產品設計中，每一個流程與相關知識，以達到永續設計根本價值。

生命週期評估（Life cycle assessment, LCA），意旨對產品系統自原物料的取得到最終處置的生命週期中，投入和產出及潛在環境衝擊之彙整與評估。廖天銘（2009）重新整理郭財吉於 2001 年所提出的綠色產品設計之生命週期四階段作說明（如圖 2-2），若產品生命週期的末端與開端之間提出相關聯的方案，則此生命週期對整體環境（包括自然環境、社會環境、產業環境）之傷害降到最低

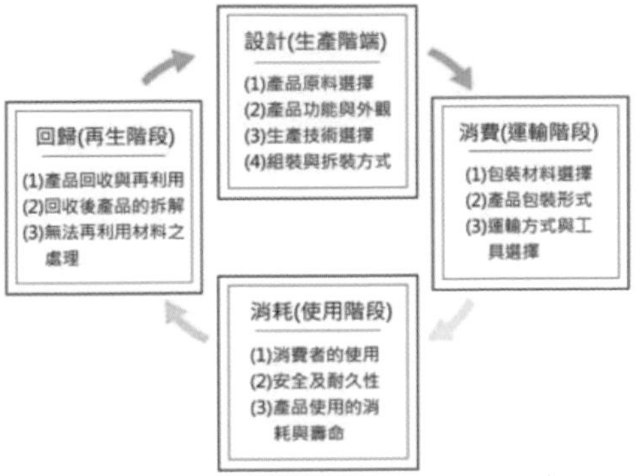

圖 2-2 綠色產品設計之生命週期四階段（取自廖天銘 ,2009）

生命週期評估（LCA）正是符合此種觀念的有效方法，從產品的誕生到廢棄整個過程來評估產品所帶給環境的影響，將之減至最低限度。在上述文獻中，可發現目前所提出來的綠色設計方法，多以產品與環境為主要改良重點，根據以上方式，或許可成功改善許多產品及環境不必要浪費的問題，謝榮哲（2006）也提出發展至今的綠色設計幾乎都是以產品或環境為解決生態資源問題的重心，卻忽略人心才是一切問題的根源，也許人們都有想到需愛護環境的想法，但迫於一些不可抗拒的因素，卻無法

實施於生活。以逐漸凋零的農村社區為例，比環境維護更重要的是當地經濟的復甦，唯有復甦經濟，金錢的湧進，才有辦法將綠色設計的概念推廣於大眾，而在以往的社區復甦計畫中，導入文化創意產業商品是常見的方式，此也為本研究最終核心價值。

三、在地文創商品

在地文創商品意旨具有當地文化特色的可商業販售的產品，主要是促進地方產業及地方經濟發展之下的產物，由於文化商品附加了當地文化特色的價值，提升了商品利潤，藉由文化消費帶動經濟，使文化與利潤之間產生最大效益，也使文化有了永續傳承的機會（蔡宛庭，2013）。陳文生（1995）提出「文化」是地方聚落所持續傳承，舉有獨特性、區隔性，以及唯一等特質的生活方式，生活用具的文化也是為了適應生活條件所發展出來的，因此文化商品的外觀特徵會展現造型、素材、色彩、使用機能、美感經驗，以及生活行為等與地域相關特色。

設計地方創意文化商品除了了解當地文化特色，再來是了解設計文化商品設計上需具有哪些因子，在文獻探討上有許多關於開發在地文化商品模式相關論文，由於本研究主要以社區開發的在地文化商品為研究限制，故以林沁穎（2012）分析出地方文化商品九項特質，包含了在地關聯性、獨特性、故事性、紀念價值、原創性、經驗分享、知識傳達、國際化及永續性作為基本評估因子。蔡郁崇（2010）說到地方產業發展與地方獨特性及社區認同結合在一起，其經濟性在於文化上的獨特性與其差異性，也與體驗經濟、文化觀光及消費文化的理論有相契合之處，文化創業產業概念迷人之處即在於文化與經濟的連結關係，文化有了經濟性，才能成為一個促進產業轉型的重要手段。有鑑於此，本研究認為具有經濟性也是不可或缺的因素之一。蔡宛庭（2013）指出台灣的文化創意產業對整體經濟有很重要的貢獻，帶動更多業者運用文化加上創意去創造產品的價值，可發現有越來越多的文創商品，以故事、意象、品味與生活價值等元素做為其核心價值，讓消費者感覺到豐富與強烈的體驗，而在消費市場上引發廣泛的迴響；文化創意產業透過商業機制的運行，促使一般消費者願意去購買文化商品，文創產業者因而能獲得利潤，並擁有更豐沛的資源去創作來表現文化特色。由此可證，具有在地關聯性、獨特性、故事性、紀念價值、原創性、經驗分享、知識傳達、國際化及永續性及經濟性等十項條件（如圖2-3），才可符合地方文創商品的要素。

永續性

地方文化商品的永續性可以分為兩方面來說，首先為產品本身所帶給人和環境的影響，現今所有的商品都要盡可能對環境及人體無害，而文化商品中所包含的文化元素是來自於與人和環境息息相關的日常生活當中，因此這更是一個必須遵守的準則，更進一步還可以帶來對人和環境益處。另一方面則要讓製造或販售這樣商品的產業或地區能夠永續的經營下去，而不是趁著文創的熱潮和商業的炒作而曇花一現，應要成為一個能夠細水長流且源源不絕的活動（林沁穎，2012）。

經濟性

經濟發展一直以來是社區、地區與國家優先考慮的事務。開發當地文化商品對於社區而言等同於新產業的誕生，汪銘峰（2007）提到文創商品顧名思義，就是依照文化特性所衍生的商品，它主要是以經濟利益而存在的。

國際性

開發需考量各種因素，如以本土市場做為開發目標時，則應考量使用者之生活型態、習性等；以國際市場做為開發目標時，則需要考量國際情勢，如政治、經濟因素等（何明泉等人，1996）。

圖 2-4 地方文化創意商品需具備因子。本研究整理

知識傳達

各種形式的文化商品體驗皆可進行多樣搭配，參與者藉由接觸而體驗文化資訊、知識，以及技能的學習，並可更進一步接受與感知文化產業內涵的情意與文化哲理（黃世

輝，2001）。

原創性

地方文創商品就是將某地區的文化元素以具有創意的設計方式將其呈現於產品中，因此產品的設計中是否具有原創性的構想便左右了部分文化商品的價值，而這個價值感則是來自於智慧財產權的保護（林沁穎，2012）。

故事性

強調差異化的消費特質在現今追求區域和在地特色的消費型態下，產品的意義被符號化，消費者開始追求商品符號化背後所隱藏的象徵內涵與價值（李亞傑，2007）。

經驗分享

人們在旅行過程中必定會想要將自己所經歷過的人事物及環境和氛圍記錄下來，以便自己回憶以及與人分享這份經驗，而地方文化商品便是扮演著這種角色，具可以從自身感受過的地方文化以呈現實物的方式與人分享，而此商品所乘載的便不只是地方文化而已，更包含消費者自身對於此地的體驗與回憶（林沁穎，2012）。

紀念價值

透過商品化來傳遞文化訊息是一種符合現代趨勢的作法，如此將更能直接深入使用者的生活之中（何明泉等人，1996）。

獨特性

蔡郁崇（2010）當地方文化產業具有的獨特性時，使得人們認同其產品，也願意消費或體驗其所提供的內容。當今文化商品的發展型態上，可採用兩種主要的類型：其一是大眾在生活上接受度與認同感較高的文化商品，其特性主要是呈現於萃取文化意義的形態，而營造出具有消費價值的氛圍；其次亦可發展具有獨有性與壟斷性的文化商品，此類商品雖較難流通至大眾市場，但可培養出持有朝聖心態而去消費的客群（陳健倫，2004）。

在地關聯性

文化來自於日常生活中各種與人及環境有關的事物，而在地文化蘊含了許多只有該地區才有的獨特人文精神與環境氛圍，因此商品的在地性便是傳達某些地方文化時的重要元素，並能夠與其他地方做出區隔，以增加其價值感。消費者則可以透過對於此地的認同，與在此地所感受到的情境結合（林沁穎，2012）。

參、實地研究中的案例研究

本研究方法以二步驟進行，步驟一：參與式觀察發現當地特色，以便後續在地文創商品設計研究。步驟二：透過步驟一的分析，首先設計出8種符合當地特色與經濟效應的產品原型，再透過問卷調查歸納檢核其是否符合文獻探討中，本研究所制定的十項文創商品因子。最後針對分析結果，提出對應方法，並得到驗證。

步驟一：研究者有時藉助觀察法以蒐集資料了解社會現況，觀察法是社會調查體系中最基本的方法，是蒐集非語言行為資料的初步方法。在進行觀察法時，具備客觀性、直觀性、規劃性、目的性及敏銳性。觀察法能用來記錄真實的外在行為，能蒐集到一般不會注意到的或無法用言語描寫的資料，較不需要被調查者主動合作，觀察法能蒐集到較可靠的資料（葉至誠、葉立誠，2011）。本研究運用田野調查歸納出社區在地特色，透過參與式觀察以不打擾區民生活的方式進駐社區，達到近身觀察社區，實際當地生活深入了解現況，與居民互動，產生連結，發現新城社區根本問題並找出當地特色。

步驟二：以解決農村產業廢棄物之環保問題為切入點，分析黑糖產業的甘蔗廢棄物個部分可應用之處，提出廢料變成再生材，加入文創力量提升原始農產業之價值，並讓社區永續發展，在永續發展的概念下，不單只有環境上自然價值，民眾在自然環境的參與亦為重要角色，扮演著推動與實際行動，運用問卷調查分析蔗渣文化商品是否符合地方文化商品，並以問卷調查結果的量化性，便於進一步進行定量分析。問卷調查具有統一性，可以按統一標準對不同地區、不同人群的被調查者進行調查，蒐集不同資料，以佐證本研究所設計之新城社區在地文創商品是否有效利用新城產業廢料，並符合文創商品的魅力因子。

一、參與式觀察

J.Lofland & L.H.Lofland（2005）認為參與觀察是一種實地觀察或是直接觀察，研究者為了對一個團體有所謂的科學瞭解，而與該團體建立和維持多面向和長期性關係。本研究藉由參加行政院水土保持局舉辦的大專生迴游農村計畫，在計畫期間與社區建立良好關係，積極參與社區活動，並從旁觀察並記錄在地生活事物，在計畫結束後持續與社區維持相互來往之連結，其駐村期間之大事紀參閱本書第二章 P.77。

從 2015 駐村期間大事紀表中可看出計畫入選後，蔗群人團隊便開始執行駐村計畫及參與社區公共事務，如：參與紅十字會金鎮學堂環境整頓活動、協助製作客家劇場道具、樂齡中心生命繪本製作等，同時與新城風糖休閒園區合作研發蔗渣產品可能性，以改善當地環境問題，在計畫執行期間，蔗群人團隊為社區舉辦了「新城社區竹蔗工藝展」，有計畫性的深入社區瞭解社區。

（一）新城社區地方特色

新城社區於新竹縣寶山鄉，特產黑糖。生產黑糖的歷史，最早追朔於日據時期，大量種植甘蔗，製成黑糖，但長年都是外銷日本，並無供應台灣本島，所知的人也甚少。歷經幾代到現在，整個台灣壟罩著食安風暴，文化意識也逐漸抬頭，在地人決定，發揚自己的文化與特色，極力推廣，自製的黑糖，從甘蔗的種植、採集到熬成糖的整個生產過程皆不添加防腐劑及其他化學成分，讓消費者吃到最純粹原味的黑糖，爆漿黑糖饅頭更是觀光客來必買伴手禮。在食安風暴不斷席捲台灣下，崇尚無毒無農藥自產自製食品的許多小農漸漸獲得更多的重視。新竹新城社區在有豐富製作黑糖背景下，也加入把關食品安全的行列，從甘蔗的種植採集到熬煮黑糖的過程，無任何添加物，讓消費者吃到最純粹的糖味，沉浸於回甘的蔗糖香，在新城風糖休閒園區中，保留舊時製糖用具，並強調流程透明化，除了可以親自觀看製糖過程，園區內推出黑糖饅頭體驗活動（參閱本書第二章 P.44），並結合附近燭圓製蠟產業一同創建社區產業體系，近年來也極力培養社區導覽員，使到訪遊客得以了解新城社區文化背景，推廣社區知名度並提升社區經濟，吸引青年人口回流。

在駐村期間，經訪談社區居民後，本研究觀察到當地人大多推薦此四大景點（如表 3-1）。

本研究與新城社區產業發展協會執行長王翎鳳女士對談中，得知王女士為遠嫁台灣的新住民媳婦，從繁榮的都市到鄉下，一時之間也是無法接受，但由於丈夫身為新城社區蔗農第二代又有復興故鄉的夢想，決定放下偏見，致力於新城黑糖產業中，從六年前到現在持續進行復興黑糖產業與推廣活動，在訪談中王女士提到由於製糖業競爭力無法勝過南部產量，新城社區以往的輝煌不再，為了經濟需求，許多居民改種較高經濟性的柑橘、竹筍，故社區居民除去年長者，知道新城社區以前為製糖為主的居民所知甚少，為了與其他製糖業區分，小農精緻化是他們一直以來的目標，而發展成產業觀光工廠也是未來的願景，整合社區其他產業，使社區經濟提升。

（二）駐村事件

在駐村前，本研究根據與社區居

表 3-1 新城社區主要景點

照片				
名稱	新城國小	新豐宮	新城風糖休閒園區	寶山燭園燭藝館
簡介	位在全台僅存的寶山糖廠附近小學，各年級及幼稚園各一班。	座落於新竹縣寶山鄉新城村，主祀「三山國王」。建宮迄今，約一百七十餘年，廟之後方及面前空地闢為花園，此地不只是信仰場所也是寶山人時常聚集之社區公園。	「風糖」意即「風中飄揚的糖香」，寶山鄉新城社區傳承古法製糖。園區有露營烤肉場地、有登山健行步道、有親子遊樂區、各種的 DIY 課程、有農特產品展售、有導覽解說服務行程規劃及諮詢等。	始於 1991 年外銷全盛時期，燭園在藝術蠟燭的外銷市場上頗獲好評；隨著世界經濟不景氣，傳統產業面臨嚴重打擊，正巧政府推行「一鄉鎮一特色」，著手轉型，開啟文化產業的路線。

民訪問內容與觀察，發現新城社區勞動力不足的問題一直困擾居民，在執行駐村階段，主動詢問當地需要協助的地點成為首要之事，此場地主要分為兩處，分別為紅十字會金鎮學堂與新城社區樂齡中心，其參與事件記錄與分析參閱本書第二章洄甘新城。

1.紅十字會金鎮學堂環境整頓活動

隸屬新竹縣紅十字會支會的金鎮學堂開設約五年，學堂內部招收的學員多為高齡與部分身心障礙者，在大專生迴游農村計畫前本研究並沒有來過此地，得知此地，是由於一位義工的委託，此事件則成為蔗群人團隊第一項參與新城社區的事務，參閱本書第二章P.51。

2.參與社區耆老竹編課程

為了深入瞭解新城社區在地文化歷史與現有產業，從後續社區居民的訪談得知，對於社區耆老要有一定的認識，經新城社區產業發展協會執行長王女士的介紹，認識了新城社區的竹編達人一蕭德貴先生，蕭先生擁有多年竹工藝經驗，本研究認為此經驗具有與地方文創商品結合可能性，本研究成員參與課程過程參閱本書第二章P.49。

3.樂齡中心生命繪本製作

生命繪本是由樂齡學習中心在駐村的這段期間當中推出的課程，引導社區老人家將自己從出生到現在的回憶用繪本的方式記錄下來，讓他們的故事得以保存。由於社區老人家識字程度不高，對於這項挑戰，大多不安，故蔗群人團隊主動提議加入本次活動並協助耆老們完成這本名為「黃金歲月」的生命繪本，並成為社區活動的一份子。蔗群人團隊成員於本次活動心得感言參閱本書第二章P.54。

（三）小結

由於新城社區製糖業沒落，蔗農需另尋出路，大量人口外移，留在村中大多是老年人，勞動力不足，導致許多蔗田逐漸荒廢，直到近期，在地年輕人與返鄉青年加入新城社區發展協會，逐漸推動當地黑糖產業，希望再現新城風華。與新城社區發展協會成員訪談後，得知由於人力不足及社區區別性不高，使有黑糖產業與社區經濟成長有限，對於離鄉青年回歸吸引度不高，而成員所提出是否以在地現資源就地改善問題，經實地訪查發現，村中老年人身體大多都強健，村中集會點固定，對於新事物勇於嘗試，時常透露出活到老、學到老的觀念，對於社區事務也很積極，社區中多項硬體建造與維修及社區導覽，多經老年人之手，雖然村中老年人成為另類的勞動力，但年輕勞動力不足的問題還是不可忽視。

另一方面在黑糖製成後，留下的甘蔗廢料往往都是隨意堆積曝曬於空間之中，不管是美觀或對環境往往都是不好的，有時空氣裡還帶有一股發酵的腐臭味滋生蚊蟲，經詢問與實地觀察後，得知以往甘蔗廢料過多時，多以傾倒或焚燒於田間當成堆肥，雖然以自然方式處理廢料，但對環境仍會造成污染，經濟上還是有損失，與社區相關人事訪談後，發現其多偏向將甘蔗廢料再製成具有經濟性質的物品，對於減少環境破壞與經濟提升可能有較多的貢獻，這將會是新城社區黑糖產業比起其他社區更具獨特之處，甘蔗廢料—蔗渣的可能性，詳細說明如下。

二、蔗渣商品分析

本研究透過步驟一的參與式觀察發現甘蔗渣在製程是一種廢棄的有機物，蔗渣過去只有被用在堆肥上，但未清除的糖分會造成很大量的蚊蟲孳生，而有機堆肥的發展也需要高成本及技術，經過半年以上有機堆肥才可使用，相當浪費。基於此，本研究將新城社黑糖產業廢棄物所留下的甘蔗葉、甘蔗梢、甘蔗纖維等廢棄材料，進行材料實驗，嘗試找出材料再生文化商品可能性，並帶入地方文化商品設計因子，將其設計成獨具新城社區特色之商品，研發後於傳授居民並與當地居民共同創作蔗渣文創商品，將其販售。

（一）商品初步設計

目前研發設計商品共有八項成果（參閱本書第二章P.65～P70）。

這八項作品分別為蔗紙、蔗紙筆記簿、療癒盆栽、吊掛式小花瓶、帽子、零錢包、斜背包、蔗球燈，多為日常生活產品，現為後續設計商品之雛型，由於成品完成後，需將其設計過程教授於社區，故製作步驟皆以設計成簡單容易操作之商品。本研究根據2-3節地方文化創意商品「魅力因子」進行分類，歸納出的五項購買特性，分別為：（1）當地人文特色、（2）美感造型、（3）教育性質、（4）知名度、（5）價格合理（如

表3-1）。

其中具有在地人文包含在地關聯性、故事性、紀念價值性，在文獻探討中，發現學者一致都提到傳遞文化這項條件，此三項因子必須以在地文化當主體結構才可成立；美感造型包含了獨特性與原創性兩項因子，而呈現出此兩項魅力因子多為外觀造型，主要是讓商品呈現出區別性並具有美感；教育性質包含了經驗分享、知識傳達兩項魅力因子，此兩項魅力子皆須消費者親自感受或學習當地文化或技能，後經回憶分享於他人或提升自身見識，以達到資訊分享傳遞之功能；知名度包含國際化之魅力因子，商品藉由媒體與展覽之傳播方式，累積一定曝光度或名氣；價格合理包括永續性及經濟性，商品對人與環境不帶有太大傷害，商品價值大於價格，並帶給在地商家獲利，使商品有永續經營發展。根據以上說明，故將十項魅力因子歸類於五項購買因子，並於後續問卷調查運用魅力因子感受程度分析各商品具有何者購買特性之潛力。

（二）問卷調查結果分析

在考慮商品購買特性與重新評估蔗渣量、製作時間及成本等條件下，決定以其中四項做為本節魅力因子分析之案例，分別為（1）蔗紙筆記簿、（2）療癒盆栽、（3）零錢包、（4）蔗球燈。本研究受測者主要分為兩大群，內部消費者：為新城居民或曾經到訪過新城社區作為受測者，因對新城社區有更多了解，對於商品是否帶有地方特色感受更加清楚；外部消費者：而未到過新城社區受測者，雖看過概要介紹對新城社區有基礎了解，但主要還是以自身購買經驗判斷，對於後續商品推入市場的調查，可依本問卷結果進行善，並在這些受測者中詢問是否購買過在地商品的經驗，作為商品需具有何種購買特色之後續改良參考。本次調查共發放70份問卷，新城居民與到訪過新城社區居民回收有效問卷為35份，非新城居民與到訪過新城社區居民回收有效問卷為35份，共計回收份數70份，有效問卷70份，在這之中，有分為購買過在地商品問卷份數34份，沒有購買過在地商品份數36份（如表3-2）。本問卷目的在於驗證新城廢料再生的文創商品是否符合新城社區文創商品的條件並運用SPSS系統進行數據分析。圖3-1為商品一與商品二之原創性分析，由於商品與魅力因子數量較多，SPSS運算資料過於龐雜，本研究將結果重新列表，並分析整理如表3-3。

如表3-3所示，統計出各購買特性的累積分數由高至低分別是：燈罩（商品4）40.7分、蔗紙筆記簿（商品1）39分、零錢包（商品2）38.5分、療癒盆栽（商品3）37.9分。由問卷結果可知，「蔗球燈」為地方文創商

表 3-1 購買特性

地方文創商品魅力因子	購買特性	說明
在地關聯性、故事性、紀念價值	具有當地人文	從商品中帶有在地文化，並呈現社區故事，具有收藏性。
獨特性、原創性	美感造型	在造型上，不同於其他商品並帶有美感。
經驗分享、知識傳達	教育性質	藉由商品，傳遞消費者在地感受及文化知識。
國際化	知名度	商品在大眾社會具有認知度。
永續性、經濟性	價格合理	商品在具有利益成品下，運用合理價錢販售予消費者，並可讓社區永續經營。

商品一-蔗紙筆記簿 [原創性]

		次數	百分比	有效百分比	累積百分比
有效的	非常不同意	2	2.9	2.9	2.9
	不同意	1	1.4	1.4	4.3
	普通	11	15.7	15.7	20.0
	同意	40	57.1	57.1	77.1
	非常同意	16	22.9	22.9	100.0
	總和	70	100.0	100.0	

商品二-療癒盆栽(擺設款)[原創性]

		次數	百分比	有效百分比	累積百分
有效的	非常不同意	2	2.9	2.9	2.9
	不同意	2	2.9	2.9	5.7
	普通	13	18.6	18.6	24.3
	同意	36	51.4	51.4	75.7
	非常同意	17	24.3	24.3	100.0
	總和	70	100.0	100.0	

圖 3-1 SPSS 運算結果（此為商品一及商品二原創性之分析數據）

表 3-2 問卷統計與受測者資料

類別	數量	
發放份數	70	
回收份數	70	
有效份數	70	
新城居民或曾經到訪過新城社區	是	35
	否	35
購買過在地產品	是	34
	否	36

表 3-3 地方文創商品魅力因子得分統計結果

	商品 1 蔗紙筆記簿	商品 2 療癒盆栽	商品 3 零錢包	商品 4 蔗球燈
獨特性	4.0	3.9	3.9	4.3
原創性	4.0	3.9	4.0	4.3
在地關聯性	4.1	3.8	4.0	4.1
故事性	4.0	3.6	3.8	4.0
紀念價值	3.9	3.9	3.9	4.1
知識傳達	3.7	3.8	3.8	3.9
經驗分享性	3.8	3.6	3.6	3.8
國際化	3.5	3.5	3.6	3.9
永續性	4.1	4.0	4.0	4.2
經濟性	3.8	3.8	3.8	4.1
總計	39.0	37.9	38.5	40.7

品魅力因子最高的產品，也是最具有新城社區在方文創商品魅力的商品，最不具有新城社區地方文創商品魅力的商品為「療癒盆栽」。

分數統計結果顯示，各項分數平均為3.9分，因此本研究以3.9分作為標準來分析各項特質得分。以◎表示超過3.9分的項目。根據表3-4統計，首先以商品得分結果來探討具有何種魅力因子，從表中可看出由高到低順序與整體性得分相同，獲得最多項因子的是「蔗球燈（商品4）」在十項魅力因子中只有「經驗分享性」未達3.9分標準。其次是獲得六項魅力因子的商品「蔗紙筆記簿（商品1）」，在來是獲得五項魅力因子的「零錢包（商品3）」，最後為獲得四項魅力因子的商品「療癒盆栽（商品2）」，達到3.9分的魅力因子分別為「獨特性」、「原創性」、「紀念價值」、「永續性」。

接下來依表3-5所示，以十個魅力因子為依據，探討地方文創商品魅力因子對於本研究商品設計上，商品魅力因子傳達效果。表3-5同樣以3.9分為基準，達標者以◎表示。依據表3-5的各特質展現結果，顯示受測者對四項商品產品的感受程度，首先，「獨特性」、「原創性」、「紀念價值」、「永續性」這四項地方魅力因子在本研究每個商品上都是具有的商品特質。其次為「在地關聯性」除了「療癒盆栽（商品2）」以外，是每個商品都擁有特質。在來是「故事性」達標的有「蔗紙筆記簿（商品1）」及「蔗球燈（商品4）」。

從表3-5可看處在「知識傳達」、「國際化」及「經濟性」則只有「蔗球燈（商品4）」達標，其他商品皆未達標。而「經驗分享性」這項魅力因子，本研究所設計商品皆未達標，

表 3-4 依 3.9 分為依據統計商品具有之魅力因子結果

	商品 1 蔗紙筆記簿	商品 2 療癒盆栽	商品 3 零錢包	商品 4 蔗球燈
獨特性	◎	◎	◎	◎
原創性	◎	◎	◎	◎
在地關聯性	◎		◎	◎
故事性	◎			◎
紀念價值	◎	◎	◎	◎
知識傳達				◎
經驗分享性				
國際化				◎
永續性	◎	◎	◎	◎
經濟性				◎
總計	6	4	5	9

表 3-5 依 3.9 分為依據統計魅力因子結果

	商品 1 蔗紙筆記簿	商品 2 療癒盆栽	商品 3 零錢包	商品 4 蔗球燈	總計◎數
獨特性	◎	◎	◎	◎	4
原創性	◎	◎	◎	◎	4
在地關聯性	◎		◎	◎	3
故事性	◎			◎	2
紀念價值	◎	◎	◎	◎	4
知識傳達				◎	1
經驗分享性					0
國際化				◎	1
永續性	◎	◎	◎	◎	4
經濟性				◎	1

表 3-6 購買特性比較

姓名	回應		觀察值百分比
	次數	百分比	
當地人文	68	39.5%	97.1%
美感造型	36	20.9%	51.4%
教育性質	12	7.0%	17.1%
知名度	10	5.8%	14.3%
價格合理	46	26.7%	65.7%
總計	172	100.0%	245.7%

表 3-7 商品一比較圖

蔗紙筆記簿				
購買特性	購買特性之商品魅力平均值	外部消費者	內部消費者	魅力因子
美感造型	3.9	4.2	3.9	獨特性
		4.1	3.5	原創性
當地人文	4	4.2	4.0	在地關聯性
		4.1	3.9	故事性
		3.9	3.9	紀念價值
教育性質	3.8	3.7	3.8	知識傳達
		3.9	3.7	經驗分享性
知名度	3.6	3.5	3.6	國際化
價格合理	3.9	4.1	4.1	永續性
		3.7	3.9	經濟性
		3.9	3.8	平均

這四項魅力因子是本研究所設計在地文創商品待加強的部分。後續也會提出改良方案，以解決此問題。

本研究所設計的四項商品以新城社區製糖廢料再利用進行設計，運用蔗渣製作文創商品，目的是在檢討這些文創商品是否具備新城社區在地文創商品的條件。如上節所述，將受測者分為內部消費者與外部消費者，透過兩組進行商品個別感受度比對，以探討消費者對於商品更深入的看法。

首先，本研究運用問

卷了解受測者對於地方文創產品該具備何種特性進行調查，以得知消費者對於一般地方文創商品的要求，方便後續改良。運用SPSS統計系統之多重回應分析得到表3-6，從總計的觀察值百分比呈現245.7%，可得知本題選項受測者平均勾選兩題，而選項中得票數最高的兩項為消費者在購買地方文創產品時主要吸引他們的購買特性，根據統計得票最高的是「具有當地人文」獲得票數68票，其次為「價格合理」獲得票數46票，故這兩個購買特質中所包含之地方文創魅力因子可當作新城文創商品的評估項目考量，參閱本研究所歸納的購買特性「具有其中地方人文」包含：在地關聯性、故事性、紀念價值性。「價格合理」包含：永續性、經濟性。為了達到驗證商品是否展現出商品魅力因子的目的，接下來將統計不同消費者對新城社區在地文創商品之感受程度，以詳細的數據進行商品個別比較是否具有使人想購買的潛力，如前所述，本節以魅力因子平均值3.9分作為基準進行評估，若「具有在地人文」與價格合理都達到3.9分，便視為具有購物潛力。

從表3-7可看出，外部消費者對於商品一（蔗紙筆記簿）的原創性、經驗分享性之魅力因子感受程度較高，內部消費者則對於經濟性感受較高，兩者相比，商品一（蔗紙筆記簿）的地方魅力因子對於外部消費者感受較高，依消費者購買特性來評估，商品一的當地人文特性最高，獲得4分，其次為「美感造型」與「價格合理」，獲得3.9分，商品一的「具有當地人文」跟「價格合理」皆超過平均數，故商品一（蔗紙筆記簿）具有會使人想購買文創商品的潛力。

表 3-8 商品二比較圖

療癒盆栽				
購買特性	購買特性之商品魅力平均值	外部消費者	內部消費者	魅力因子
美感造型	3.9	3.9	3.9	獨特性
		4.0	3.9	原創性
當地人文	3.7	3.9	3.7	在地關聯性
		3.5	3.6	故事性
		3.9	3.8	紀念價值
教育性質	3.7	3.7	3.9	知識傳達
		3.6	3.7	經驗分享性
知名度	3.6	3.5	3.6	國際化
價格合理	3.9	4.0	4.0	永續性
		3.9	3.7	經濟性
		3.8	3.7	平均

表 3-9 商品三比較圖

零錢包				
購買特性	購買特性之商品魅力平均值	外部消費者	內部消費者	魅力因子
美感造型	4	4.1	3.8	獨特性
		4.1	4.0	原創性
當地人文	3.9	4.0	4.0	在地關聯性
		3.8	3.8	故事性
		4.0	3.8	紀念價值
教育性質	3.7	3.8	3.7	知識傳達
		3.7	3.6	經驗分享性
知名度	3.6	3.7	3.5	國際化
價格合理	3.9	4.0	4.0	永續性
		3.8	3.8	經濟性
		3.9	3.8	平均

表 3-10 商品四比較圖

蔗球燈				
購買特性	購買特性之商品魅力平均值	外部消費者	內部消費者	魅力因子
美感造型	4.3	4.4	4.3	獨特性
		4.3	4.3	原創性
當地人文	4.1	4.1	4.1	在地關聯性
		3.9	4.1	故事性
		4.0	4.1	紀念價值
教育性質	3.9	3.9	3.9	知識傳達
		3.8	3.8	經驗分享性
知名度	4.0	4.0	3.9	國際化
價格合理	4.1	4.2	4.1	永續性
		4.1	4.0	經濟性
		4.1	4.1	平均

由表3-8可看出，商品二（療癒盆栽）的在地關聯性、紀念價值、經濟性對外部消費者較高，知識傳達對內部消費者感受程度較高，商品二（療癒盆栽）對兩組消費者都不具有吸引力，在購買特性中以「美感造型」及「價格合理」最高，為3.9分，由於購買特性中的當地人文未達標準3.9分，因此推斷商品二（療癒盆栽）較不具有會使人想購買文創商品的潛力。

由表3-9所呈現的統計顯示，外部消費者比起內部消費者對於商品三（零錢包）的魅力感受程度較高，在表格中可以發現外部消費者在獨特性、紀念價值明顯數據高，在購買特性上，最高為「美感造型」獲得4分，其次為「具有在地人文」及「價格合理」獲得3.9分，都有達標，故商品三（零錢包）具有會使人想購買文創商品的潛力。由表3-10可看出，商品四（蔗球燈）的獨特性、原創性、在地關聯性、故事性、紀念價值、知識傳達、國際化、永續性、經濟性對兩種消費者而言，魅力因子感受程度高，經驗分享性對兩者消費者感受度低，此商品在兩種消費者中感受程度相似，在購買特質數據中，最高為「美感造型」，4.3分，其次為「在地人文」及「價格合理」，4.1分，是唯一個購買特性全部符合（分數全達到3.9）的商品，可建議成為主打商品，故商品四（蔗球燈）具有會使人想購買文創商品的潛力。

（三）小結

根據上述統計結果，在魅力因子部分，可看出蔗球燈（商品四）所獲得的分數一直是最高的，但缺少經驗分享性，而蔗紙筆記簿的經驗分享性在外部消費者感受度是整體唯一一個達標的，如此看來，四項商品在經驗分享性上需再加強，而知識傳達性、經濟性及國際化等四項魅力因子對於商品而言也較為缺乏；在購買潛力方面，有三項商品具有潛力，分別為蔗紙筆記簿、零錢包、蔗球燈，療癒盆栽雖然在美感造型及價格合理獲得認同，但未符合在地人文此項目，故較不具有購買潛力，後續需加強此部份的設計。

肆、結論與建議

一、結論

綜合以上論述，回應本研究問題1：可得知雖然新城社區現有農村人口老齡化、勞動力不足，導致社區產業經濟推動不易的問題，但藉由甘蔗渣再生與運用，可同時解決產業廢料與環境保護問題，並建立新城社區文創商品之在地特色，而蔗渣文創產品因考量後續傳受於居民，應設計以簡易製作導向之商品，且社區販售人員多為年長者，商品以常見物品做為改良，以方便介紹推銷於遊客。回應本研究問題2：本研究目前研發出八項蔗渣商品之原型，選取其中四樣商品-筆記本、盆栽、零錢包、蔗球燈進行量化分析，發現在滿分5分的狀況下，四項商品的文創魅力因子大多皆高於平均數3.9分以上，符合在地文創商品特色，其中各項商品在十個魅力因子的評估上各有消長。簡而言之，本研究之發展架構，從洞見（inspiration）、創意（ideation）、到執行（implement），透過設計讓轉機轉化成商機，在設計師與社區居民互動中，藉由交流使雙方對於在地文化感到認同，進而共同改變社區，以新城社區為例，相較於其他社區雖然地域人文性不強，但由於社區民對於社區營造活動態度積極，且願意主動配合，在研究結束時，居民對研發出的蔗渣商品相當驚艷，認同運用設計可以對一個地方產生正向生機，並理解了地方文化傳承的重要性。

二、未來建議

本研究只是階段性成果，還有許多不足及可以繼續發展的部分，針對上述產品其魅力因子不足的部分本節提出相對應的後續行銷策略。

表4-1顯示，目前新城社區所提出的文創商品，在故事性以及設計感上，一來符合現代永續回收的綠色議題，二來本身具備公部門以及實體銷售門市兩種行銷手段，未來可持續強化這些優勢，並改善劣勢，例如1.將蔗渣商品寄放於新城風糖園區試賣2.將蔗渣商品製作方法給社區耆老，成立製作團隊。3.規劃蔗紙DIY體驗活動，使遊客對新城社區加深印象。4.建立社區品牌，統一社區商標，共同提升社區商品價值。5.與社區其他產業合作，例如燭園蠟燭工藝或竹編工藝。這些手法都可以延伸至不同社區，如漢寶德（2014）所說，推向未來的力量就是創意，未來的在地產業，都可以以

表 4-1 本案例未來發展策略的 SWOT

Strengths 內部優勢	Weaknesses 內部劣勢
(1) 產品具有高度原創性與設計感 (2) 材料來源取得容易（新城社區提供）	(1) 設備不足，製造過程繁複，大量生產不易 (2) 產品主打種類尚嫌不足
Opportunities 機會	**Threats 威脅**
(1) 可透過新城社區發展協會獲得勞動部、水土保持局、客委會、教育部等公部門協助、推廣 (2) 可藉由新城風糖園區既有行銷管道與顧客群進行推廣、行銷	(1) 尚未建立品牌，且目前有部分造紙廠亦有以蔗渣造紙能力，雖未發展，但作品易遭受抄襲或點子遭受剽竊

社會設計的操作模式，打造在地特色，並針對設計成果做創意評估，以釐清各社區的優缺點，建構合宜發展策略。

參考文獻

山崎亮（Yamazaki Ryo）（2015）。社區設計：重新思考「社區」定義，不只設計空間，更要設計「人與人之間的連結」（コミュニティデザイン：人がつながるしくみをつくる）（莊雅琇譯）。台北市：臉譜。

丸尾弘志（2015）。熱血設計迷必看的「社計思維一解決社會問題的設計」。取自 http：//www.mottimes.com/cht/gallery_detail.php?serial=130

太刀川英輔（2015） 社會設計思維：互動、創新與影響力。取自 http：//www.seinsights.asia/article/3290/3278/3519

汪銘峰（2007）。地方文化商品開發模式之研究－以南投縣草屯鎮為例 （碩士論文）。東海大學工業設計學系研究所，台中市。

杜瑞澤（2002）。產品生命週期之綠色設計評估模式－以筆記型電腦為例。大葉學報。11（2），29-38。

杜瑞澤（2002）。產品永續設計－綠色設計理論與實務。台北市：亞太圖書。

李亞傑（2007）。從商品符號消費與商品流行美學的角度探討台灣當代設計趨勢。人文暨社會科學期刊。3（1），41-55。

何明泉、林其祥、劉怡君（1996）。文化商品開發設計之構思。（碩士論文）。國立成功大學工業設計研究所。台南市。

林沁潁（2012）。地方文化商品設計策略。（碩士論文）。雲林科技大學工業設計系 研究所。雲林縣。

陳文生（1995）。從文化生活型態探討台灣輕型機車產品意象。（碩士論文）。成功大學工業設計學系研究所。台南市。

陳健倫（2004）。試析市場邏輯下之文化產製與媒體角色：以四個文化行銷個案為例。（碩士論文）。世新大學傳播管理學系研究所。台北市。

黃世輝（2001）。文化產業與居民參與。文建會90年度社區總體營造年會論文集。（19-17）。台北：文化建設委員會

葉至誠、葉立誠合著（2011）。研究方法與論文寫作。台北市：商鼎數位。

廖天銘（2009）。設計：產品設計創新思維以竹製家俱創新設計為例。（碩士創作 論文）。實踐大學產品與建築研究所，台北市。

漢寶德（2014）。文化與文創。台北市：聯經。

蔡宛庭（2013）。地域性文創商品品牌化之研究－以嘉義為例。（碩士論文）。大同大學工業設計研究所，台北市。

蔡郁崇（2010）。從地方文化產業到文化創意產業－文化經濟性的政策建構。論文發表於 2010「文化的軌跡：文化治理的挑戰與創新」博碩士生學術論文研討會。台灣藝術大學，台北市。

謝榮哲（2006）。看得見的綠色設計創作研究。（碩士論文）。國立交通大學應用藝術研究所，新竹市。

顏妹（1999）。整合生命週期評估與環保化設計於產品設計之研究。（碩士論文）。國立成功大學機械工程系研究所，台南市。

Lofland, John.; Lofland, Lyn H.（2005）.質性研究法：社會情境的觀察與分析。（任凱、王佳煌，譯）。台北市：學富文化。

PIE BOOK 編輯部著（2016）。好設計，讓地方重燃元氣!19個激勵日本在地特色的創新企劃實例（デザインで地域を元気にする、プロジェクトと仕掛人たち）（陳芬芳，譯）。台北市：麥浩斯。

Brown, Tim.; Wyatt, Jocelyn （2010）.Design Thinking for Social Innovation. Stanford Social Innovation Review.8 2：（pp.28-35） .

Burall, Paul, (1994), Green-ness is good for you, Design, April, pp.22-24.

Papanek,Victor （2013）著。為真實世界設計—人類生態與社會變遷（楊路，譯）。台北市：五南。

延伸閱讀

台北市：行政院農業委員會水土保持局。大專生洄游農村競賽辦法。取自：http：//www.swcb.gov.tw/class2/index.asp?ct=act&AutoID=270&uT=act&m1=8&m2 =43

靳埭強　潘家健（2015）。關懷的設計：設計倫理思考與實踐。台北：商務

Whiteley, Nigel（2014）。為社會而設計（Design For Society）（游萬來、楊敏英、李盈盈譯）。台北市：聯經。

謝淳鈺／著作一覽（節錄）

英文個人著作

1. Hsieh, C. Y., Ku, S.W. (2019) The Research on the Characteristics of Furniture Hardware Design through 3D Printing. The 21st international conference on human-computer interaction, Orlando, Florida, USA.
2. Hsieh, C. Y. (2018) The preliminary study of 3D printer aided woodcarving in Taiwan. The Association for Computer-Aided Architectural Design Research in Asia (CAADRIA) 2018, Beijing, China.
3. Hsieh, C. Y. (2005) "A preliminary model of creativity in digital development of architecture" Proceedings of the CAADfuture 2005, 63-74 .
4. Hsieh, C. Y. (2004) "The emergence of creativity in digital development of architecture" Proceedings of the CAADRIA 2004, 173-188.

中文個人著作

1. 謝淳鈺，嚴珮琪（2017年12月）。"社會設計模式應用於在地文創商品：以新竹縣新城社區為例。產業與管理論壇，19(4):4-31。（*TSSCI*）。
2. 謝淳鈺，李冠緯（2017年05月）。"以3D列印輔助木雕工藝之可行性初探" CID2017中華民國設計學會 第二十二屆學術研究成果研討會：設計研究的科學性，台中亞洲大學。科技部：105-2221-E-033-068。

3. 謝淳鈺，翁千惠，嚴佩琪，陳俊諺 2015.“木雕產品現代化瓶頸之因子初探”銘傳大學 2015 國際學術研討會設計組 - 設計、未來
4. 謝淳鈺，林佳靜，古紹威（2017年05月）。“不同媒材在設計發展中的限制 - 以室內設計教育為例”CID2017 中華民國設計學會第二十二屆學術研究成果研討會：設計研究的科學性，台中亞洲大學。
5. 謝淳鈺，張基義，2015.“台灣建築發展趨勢：以台灣建築獎 2005 年至 2010 年為例”《台灣海洋文化的吸取、轉承與發展》（交通大學人社中心論文集）
6. 謝淳鈺，2013.“臨時性空間的魅力”好房誌 1 月號
7. 謝淳鈺，2012.“建築中尺度的變異”好房誌 11 月號
8. 謝淳鈺，2009.“秋初，創意正夯 -2009 倫敦設計節”室內雜誌 9 月號
9. 謝淳鈺，2009.“倫敦海德公園蛇行藝廊展覽館”室內雜誌 8 月號
10. 謝淳鈺，劉育東，2008.“近距離看到的伊東豊雄”，建築師雜誌 5 月號
11. 謝淳鈺，Alicia & Fredy Massad, 2008.“伊東豊雄 / 想像”，室內雜誌 4 月號
12. 謝淳鈺，2008.“小而美，倫敦設計博物館”，室內雜誌 1、2 月號
13. 謝淳鈺，2006.“Gehry 在加州 - 建築師的海岸悠閒 - 聖摩尼加”，室內雜誌 5 月號

感謝各計畫案的參與團隊、社區成員以及提供相關圖片的所有人。

第二章

蔗群人團隊：嚴佩琪、梁維鈞、黃玲翎、蘇育平、沈晏翎、吳長熹、吳昀蓁、黃暐倫、連庭佑

悠哉油摘團隊：劉詩恩、鐘煒筑、周汶霆、劉柏鋐、鄭羽辰、張芸愷、林哲安、黃威凡、蕭瑄儀、張子昂、

Melchior Antoine（Mel）、李世惠、郭洵、楊采蓉、莊雅琪、呂沄珈

第三章

鏤影弄木團隊：孫啟瑞、黃雅鈺、盛家成、呂培薇、陳俊諺
竹山古水團隊：嚴佩琪、黃暐倫、黃玲翎

第四章

CDRL 研究室：古紹威、鄧元斌、黃暐倫
ECG 設計團隊：李冠緯、孫啟瑞、陳俊諺、黃暐倫、嚴佩琪、楹家成
中原大學桃園市社區環境空間營造計畫辦公室
中原大學啟動桃園霄里文化綠廊 USR 計畫

Designer 36

社會小設計

從點到面的設計串聯，小改變翻轉地方大未來

作　　者｜謝淳鈺
責任編輯｜許嘉芬
封面設計｜ Katrina
美術設計｜葉馥儀

發 行 人｜何飛鵬
總 經 理｜李淑霞
社　　長｜林孟葦
總 編 輯｜張麗寶
副總編輯｜楊宜倩
叢書主編｜許嘉芬
出　　版｜城邦文化事業股份有限公司 麥浩斯出版
地　　址｜104 台北市民生東路二段 141 號 8F
電話：（02）2500-7578 傳真：（02）2500-1916
E-mail：cs@myhomelife.com.tw

發　　行｜英屬蓋曼群島商家庭傳媒股份有限公司城邦分公司
地　　址｜104 台北市民生東路二段 141 號 2F
讀者服務｜電話：（02）2500-7397；0800-033-866 傳真：（02）2578-9337
訂購專線｜ 0800-020-299（週一至週五上午 09：30 ～ 12：00；下午 13：30 ～ 17：00）
劃撥帳號｜ 1983-3516 戶名：英屬蓋曼群島商家庭傳媒股份有限公司城邦分公司

香港發行｜城邦（香港）出版集團有限公司 地址　香港灣仔駱克道 193 號東超商業中心 1 樓
電　　話｜852-2508-6231
傳　　真｜852-2578-9337
電子信箱｜ hkcite@biznetvigator.com

新馬發行｜城邦〈新馬〉出版集團 Cite（M）Sdn.Bhd.（458372U）
地　　址｜41, Jalan Radin Anum, Bandar Baru Sri Petaling,
57000 Kuala Lumpur, Malaysia.
電話：（603）9056-3833 傳真：（603）9057-6622

總 經 銷｜聯合發行股份有限公司
電　　話｜02- 2917-8022
傳　　真｜02- 2915-6275

製　　版｜凱林彩印股份有限公司
印　　刷｜凱林彩印股份有限公司
版　　次｜ 2019 年 11 月初版一刷
定　　價｜新台幣 399 元

國家圖書館出版品預行編目（CIP）資料

社會小設計 ： 從點到面的設計串聯 , 小改變翻轉地方大未來 / 謝淳鈺作 . -- 初版 . -- 臺北市 ： 麥浩斯出版 ： 家庭傳媒城邦分公司發行 , 2019.11　面；　公分 . --（designer ; 36）　ISBN 978-986-408-550-7（平裝）　1. 社區總體營造 2. 社區發展

545.0933　　108017956